Mudanças climáticas: considerações éticas
O certo e o errado no aquecimento global

Série Rosari de Filosofia

Talvez a Filosofia se encontre em um de seus períodos mais férteis: em toda sua história, nunca tantos livros foram produzidos, nunca tantos temas foram discutidos e nunca tantas pessoas "filosofaram". Há filósofos em todos os cantos: nos programas de televisão, nos jornais, nas revistas de grande circulação, nos fanzines, na internet; há livrarias especializadas em Filosofia e também revistas diversas, que nas vitrines das bancas deixam à mostra o rosto dos filósofos que durante anos e anos só pertenciam aos livros e às enciclopédias. Fato é que toda essa propagação foi facilitada —e realizada— pela mídia e pela comunicação "global", mas não é por isso que podemos dizer que a Filosofia ficou restrita aos meios acadêmicos até sua recente expansão para outros meios; com efeito, ela sempre esteve aí, só que nunca fora nomeada tão precisamente como "Filosofia".

A popularização da Filosofia, contudo, não se dá no vazio; ela é o reflexo de algo que perpassa a todos nós, a famosa "crise do mundo globalizado". Percebemos à nossa volta a necessidade, cada vez maior, de inserção do poder questionador e reflexivo na vida das pessoas, seja para argumentar de forma melhor, seja para analisar com mais propriedade o mundo circundante, ou ainda para refletir sobre a própria vida e sobre a relação que temos com os outros, com o mundo, conosco. Não é à toa que hoje temos a Filosofia reinserida nos currículos escolares como disciplina obrigatória.

Mas em que consiste, de fato, o filosofar? O ser humano filosofa desde os tempos mais remotos, desde a Grécia, quando rompe com o pensamento mitológico e busca respostas mais "racionais", por assim dizer, para os fenômenos mundanos. De lá pra cá, temos uma trajetória de mais de 2.500 anos, o que não quer dizer que já tenhamos todas as respostas. Ao contrário, a Filosofia consiste em questionar constantemente, visto que as diferentes gerações trazem consigo novos problemas e novas respostas.

Desse modo, é com grande prazer que apresentamos a Série de Filosofia da Edições Rosari. Pretendemos fazer dessa série mais um veículo para a propagação da Filosofia, proporcionando ao leitor textos sérios, escritos por alguns dos maiores especialistas no assunto. Inauguramos a coleção com um livro introdutório, direcionado aos leitores que querem conhecer mais sobre esse tema tão rico, e também àqueles que entrarão em contato com a Filosofia pela primeira vez. Esperamos que esta série contribua para a experiência filosófica de cada leitor, para que ele amplie sua visão crítica em relação ao mundo e à própria Filosofia. Boa leitura!

O editor

Mudanças climáticas: considerações éticas
O certo e o errado no aquecimento global

James Garvey

Tradução
Rogério Bettoni

© 2008 James Garvey
Título original
The Ethics of Climate Change. Right and Wrong in a Warming World
© 2008 Continuum International Publishing Group, Londres, Inglaterra.

Editores   Ariovaldo Capano
           Rosa Maria Abad Capano

Série Rosari Filosofia
Tradução Rogério Bettoni
Revisão   Ira Nopaca
          Pedro Henrique Fandi
          Sandra Martha Dolinsky
Capa foto de Felipe Araujo - vista aérea das cidades de Navegantes e Itajaí - SC tomadas pelas águas da enchente em 2008. Direito de reprodução adquirido junto à Agência Estado.
Design Gráfico QU4TRO Arquitetos SP/Claudio Ferlauto

Dados internacionais de Catalogação na Publicação (CIP)
(Câmara Brasileira do Livro, SP, Brasil)
Garvey, James
Mudanças climáticas: considerações éticas: o certo e o errado no aquecimento global/James Garvey;

— (Série Rosari de Filosofia)
Título original: *The ethics of climate change: right and wrong in a warming world.*
Bibliografia.
1. Aquecimento global
2. Mudanças climáticas – Aspectos morais e éticos
3. Responsabilidade ambiental I. Título. II. Série.
09-02689   CDD-179.1
Índices para catálogo sistemático:
1. Mudanças climáticas: Responsabilidade ambiental: Ética 179.1

ISBN 978-85-88343-81-8

1.ª edição outubro de 2010.
Esta edição contempla as alterações introduzidas em nosso idioma conforme o Acordo Ortográfico da Língua Portuguesa em vigor desde janeiro de 2009.

[2010]
Todos os direitos desta edição reservados
a Edições Rosari Ltda.
Rua Apeninos 930 5.º andar conj. 51
04104 020 São Paulo/SP Brasil
Tel/fax 55 11 5571 7704 55 11 5575 7760
vendas@rosari.com.br
www.rosari.com.br

Sumário

Introdução 7
Capítulo 1
Um mundo cada vez mais quente 11
    Estranhas mudanças 11
    Consenso 15
    Ciência "sólida" 19
    Perspectivas 24
Capítulo 2
Certo e errado 31
    Filosofia e moralidade 32
    A importância de dar razões 33
    Justificando as crenças morais 37
    Coerência, teorias morais, intuições 41
    Ética ambiental 43
Capítulo 3
Responsabilidade 49
    Ação e complexidades espaciais e temporais 51
    O dilema do prisioneiro e a tragédia dos bens comuns 53
    Princípios históricos de justiça 57
    Capacidades e direitos atuais 64
    Sustentabilidade 70
Capítulo 4
Fazendo nada 75
    Incerteza 75
    Custos 82
    Resgate tecnológico 85
    Esperando pela ação dos outros 89
    Urgência 92

Capítulo 5
Fazendo alguma coisa   95
      Critérios de adequação moral   96
      CQNUMC e Kyoto   99
      Parcelas *per capita* iguais   106
      Ônus comparáveis   109

Capítulo 6
      Escolhas individuais   115
      Consistência (novamente)   116
      Barreiras psicológicas   120
      Ação individual   123
      Desobediência civil   127

Epílogo   129

Bibliografia   133
Índice   139

Introdução

Não é nada fácil refletir sobre a mudança climática. Como temos a sensação de incapacidade para pensar detalhadamente sobre o assunto, sentimo-nos desarmados muito rápido. De certo modo, pensar sobre a mudança climática é pensar sobre a reviravolta planetária, a morte de incontáveis seres vivos, o sofrimento humano em escala monstruosa e todos os tipos de horrores. É possível juntar as reações normais e compreensíveis a tudo isso, jogar num canto da mente e simplesmente continuar. É o que sugiro se você sentir que perdeu as forças. Vai passar. No entanto, essas reações normais serão necessárias se você quiser chegar a uma ou duas conclusões próprias, honestas e humanas em relação ao assunto. Suas reações são tão importantes quanto uma análise minuciosa. De todo modo, prometo manter o máximo de controle emocional em relação aos horrores.

A ética da mudança climática não trata apenas de horrores. Ela mais se aproxima do fato de que a ciência, sozinha, não pode nos fornecer as respostas de que precisamos. O Painel Intergovernamental sobre Mudanças Climáticas (IPCC) —sobre o qual falaremos outras vezes neste livro— diz o seguinte a respeito do papel da ciência em relação às possíveis providências sobre o aquecimento global:

> *As ciências naturais, técnicas e sociais podem dar informações essenciais e evidências necessárias para decisões sobre o que constitui a "perigosa interferência antropogênica com o sistema climático". Ao mesmo tempo, tais decisões são juízos de valor determinados por meio de processos sociopolíticos, que levam em conta reflexões como desenvolvimento, igualdade e sustentabilidade, bem como incertezas e risco.*[1]

As ciências podem nos ajudar a compreender os fatos, mas isso ainda é insuficiente se quisermos agir a partir deles. Esse algo a mais que é necessário envolve valores. Os climatologistas podem nos dizer o que está acontecendo no planeta e por quê; podem até nos dizer com alguma certeza o que acontecerá nos próximos anos. O que fazemos em relação a isso, não obstante, depende do que consideramos certo, do que valorizamos, do que importa para nós.

Não se pode encontrar esse tipo de coisa num núcleo de gelo. É preciso pensar muito sobre a questão.

Este livro é o início dessas questões. Não é completo ou exaustivo, nem a última palavra, mas apenas as iniciais. Ele é uma introdução, em linguagem clara, à ética da mudança climática, ao cenário em que o peso da moral recai sobre nosso planeta em constante transformação e ao modo como esse peso deveria se transformar em ação. Ele tem um pouco a ver com a convicção de que nossas sociedades e nossa vida devem mudar, e com o papel do valor nas mudanças por vir.

Você já deve estar se perguntando o que significa exatamente "valor" neste contexto. Algumas pessoas defendem que as definições devem vir no início, mas eu compartilho da ideia de Sócrates de que as definições surgem, quando muito, no fim de uma investigação, e não no começo. Ficarei contente se você se apegar a qualquer definição de sua preferência —de todo modo, explicaremos mais as coisas no capítulo 2. Como evitarei as definições por um tempo, tenho a obrigação de lhe fornecer um pequeno resumo do livro. Ele será útil para que você siga os argumentos, pois já saberá o que virá a seguir. Um livro de Filosofia não é lugar de suspenses.

O livro começa com dois capítulos destinados a afastar pensamentos perturbadores sobre a ciência da mudança climática e a natureza da Filosofia Moral. O primeiro capítulo trata da opinião científica estabelecida sobre o clima do nosso mundo em aquecimento. Espero que no fim do capítulo você tenha alguma ideia sobre as mudanças que já estão acontecendo, bem como sobre as perspectivas gerais para nós e para o planeta, mais ou menos, nos próximos cem anos. O grande objetivo do capítulo é esquecer, por enquanto, a ideia de que há incerteza no que realmente importa sobre a mudança climática. O segundo objetivo é ser um pouco mais claro em relação às perspectivas para os seres humanos, tanto no futuro imediato quanto no distante. Os argumentos por vir dependem, pelo menos um pouco, da ciência da mudança climática.

O segundo capítulo trata da Filosofia Moral e, em particular, da natureza das justificações para as crenças morais. Novamente, o objetivo principal é deixar de lado alguns equívocos —por exemplo, variações do pensamento de que nunca podemos de fato justificar nossas afirmações morais. Também espero, indiretamente, fazer um panorama de pelo menos algumas teorias morais que surgirão nos últimos argumentos, bem como na abordagem à ética ambiental presente neste livro. Sobretudo, espero que o leitor chegue à conclusão de que as justificações para nossas crenças morais são importantes, e à conclusão posterior de que também é importante agir tendo como base essas justificações. Talvez isso seja o mais importante.

Prolegômenos à parte, o terceiro capítulo é dedicado à natureza da responsabilidade e da mudança climática. Enfrentaremos diversos tipos de complexidade, além de alguns problemas relacionados à racionalidade coletiva. Iremos refletir sobre quem deveria agir em relação à mudança climática e tirar algumas conclusões baseadas nos conceitos históricos de justiça, direitos e capacidades no momento atual, e sustentabilidade.

Quando tivermos explicitado esses argumentos que correspondem à demanda moral pela ação em relação à mudança climática, o capítulo quatro defenderá algumas ideias a favor da inação ou da mínima ação. Talvez haja outros argumentos para a inação, mas os que consideraremos me parecem ser os mais amplos ou, de todo modo, os que mais chamam a atenção. No fim, veremos que são todos insatisfatórios.

O capítulo cinco trata da ação sobre a mudança climática em si: o que o mundo fez e o que deveria ser feito. Identificaremos vários critérios que podem ser usados para julgar a suficiência moral das propostas de ação, quaisquer que sejam elas. Iremos aplicá-las à Convenção/Quadro das Nações Unidas sobre Mudança do Clima, ao Protocolo de Kyoto e a dois tipos diferentes de propostas para ações complementares ou futuras.

O último capítulo limita o enfoque às questões morais relacionadas à ação global ou governamental sobre a mudança climática ao *status* moral das escolhas, dos erros e dos acertos pessoais nas vidas dos indivíduos. Consideraremos alguns argumentos um pouco incômodos, e chegaremos a algumas conclusões.

No final, suponho, deixo uma série de reflexões para o leitor. A Filosofia Aplicada, como costuma ser chamada, ocupa-se dos problemas morais práticos. Temas como aborto, eutanásia, modificação genética, saúde, clonagem etc. levantam questões filosóficas que podem ser do interesse de apenas algumas pessoas. Você pode, no entanto, agradecer frequentemente o fato de que os problemas estão lá longe, a uma distância segura. Você não será clonado.. Se tiver sorte, você nunca se verá diante de problemas ligados ao aborto, à eutanásia e todo o resto. Por outro lado, você está totalmente envolvido no problema da mudança climática. Trata-se, neste momento, de um problema moral para você. É preciso tomar decisões sobre como viver, fazer escolhas que dizem respeito a sua vida cotidiana. Todos nós somos pressionados moralmente a chegar a algumas conclusões.

Algumas pessoas que me ajudaram nessas conclusões e outras que merecem meus agradecimentos por outros motivos são: Laura-May Abron, Quill Brogan, Tim Clark, Tom Crick, Crisis, Sarah Campbell, equipe do iate Endeavour,

Judy Garvey, Kim Hastilow, Ted Honderich, Joanna Kramer, Julia LeMense, Justin Lynas, Alex Mooney, Anthony O'Hear, os sócios do pub Orwell, Rock Ethics Institute, Ian Sillitoe, Barry Smith, Jeremy Stangroom, Joanna Taylor e o clube de artes marciais UCLU Jitsu.

Se você conhecer o trabalho de um número crescente de filósofos que tratam da mudança climática —especificamente Stephen Gardiner, Dale Jamieson, Peter Singer e Henry Shue—, perceberá que ainda há muito a agradecer. Se você não conhece o trabalho deles, veja a bibliografia deste livro e comece a procurá-los. Outra importante fonte de pesquisa foi o trabalho do IPCC*, ao qual sou muito grato.

Este livro foi impresso em papel de fontes sustentáveis, de acordo com as regras do Programa Brasileiro de Certificação Florestal. Uma parte dos direitos do autor foi doada para instituições ambientais.

Por fim, este livro é dedicado a Yolonne MacKenzie, minha mãe, a quem muito agradeço por ter me ajudado com os cordões dos meus sapatos.

---

* IPCC (2001) TAR, "Synthesis report, summary for policymakers", disponível em http://www.ipcc.ch (em inglês).

Capítulo 1

Um mundo cada vez mais quente

*Os raios do Sol e das estrelas fixas chegam à Terra e passam
pela atmosfera mais facilmente que os raios que emanam da Terra
e voltam para o espaço.*
　　John Tyndall

Este capítulo trata das preliminares científicas necessárias para a consideração da dimensão moral da mudança climática. Podemos nos concentrar na ética assim que tivermos a mesma certeza que temos em relação aos fatos. De início, devemos encarar dois conceitos errôneos. Primeiro, se você ainda não houver pensado nisso, espero levá-lo a acreditar que a mudança climática não é uma possibilidade distante que não nos afetará durante nossa vida. Na verdade, ela já está em andamento. Na segunda seção, examinaremos brevemente o consenso científico acerca da existência de uma mudança climática antropogênica e esqueceremos por alguns instantes a noção inquietante de que existe um debate sobre a mudança climática na comunidade científica, ou de que há uma escala preocupante de incerteza científica sobre os fatos básicos da mudança climática. Isso nos ajudará a conhecer um pouco do suporte que a ciência dá a tudo isso, o que veremos na terceira seção. Na última seção, assumiremos algumas previsões sobre o futuro do clima e do planeta. Mesmo que você aceite que o clima está mudando e saiba, mais ou menos, como e por que isso ocorre, alguns dos maiores problemas morais não o afetarão de fato até que você saiba alguma coisa sobre nossas perspectivas —para todos nós como espécie— face à mudança climática. Mas saiba que tais perspectivas não são nada promissoras.

Estranhas mudanças

Costuma-se afirmar que a mudança climática é um problema distante; é para nossos filhos, mas não para nós mesmos. Na verdade, nosso mundo já está ficando mais quente. Em termos de temperaturas médias globais, perto da superfície, as décadas de 1980 e 1990 foram as mais quentes desde que registros precisos começaram a ser feitos, de meados para o fim de 1800.[1] Onze dos últimos doze anos estão entre os mais quentes no registro instrumental. A primeira década deste desagradável milênio já indica temperaturas superiores às da década de 1990. A média global das temperaturas na superfície cresceu 0,7 grau Celsius durante o século XX, sendo que os anos mais quentes nessa média são sempre os últimos.[2] Talvez um aumento de 0,7 grau não impressione muita gente, mas impressiona os climatologistas, que sabem que não há precedentes na velocidade da mudança nos últimos 10 mil anos. Vale ressaltar que esse aumento é uma média — alguns lugares no planeta, particularmente os continentes, estão ficando consideravelmente mais quentes. É importante fazermos uma pausa e pensarmos sobre a natureza deste mundo em aquecimento que agora habitamos e sobre os efeitos desse aumento médio, aparentemente mínimo, de 0,7 grau.

Desde 1960, o nível do mar subiu cerca de 2 mm, com uma taxa de aumento de cerca de 3 mm por ano entre 1993 e 2003. O aumento geral deve-se, parcialmente, à expansão térmica —a água ocupa mais espaço quando está quente—, bem como ao escoamento das geleiras que derretem e às perdas das calotas da Groenlândia e da Antártida. Talvez não pareça um crescimento muito grande, mas se pensarmos na imensidão dos oceanos da Terra e no volume de água necessário para que possamos perceber algo de diferente neles, trata-se de uma mudança realmente enorme.

Esse é um fato que não passa despercebido por nenhuma das mais de mil pessoas que vivem nas Ilhas Carteret, no Pacífico Sul. A terra mais alta que eles têm está logo acima do nível do mar, e as marés têm subido ultimamente, inundando casas, destruindo comida e reservas de água potável. Em 2005, a Papua-Nova Guiné disponibilizou recursos financeiros para a total evacuação da ilha: foram dez famílias por vez durante o ano de 2007. Mas isso é quase uma corda bamba: é provável que a ilha esteja completamente submersa em 2015. Os 12 mil habitantes de Tuvalu, país insular de baixa altitude, observam tudo isso com interesse. Lá, a água do mar está borbulhando através do solo, e a inundação sazonal torna-se cada vez mais drástica. As pessoas vivem em Tuvalu há mais de 2 mil anos, mas agora já falam em abandonar o lugar, mudando-se talvez para a Nova Zelândia. Olhe pela janela por um tempo e pergunte-se como seria se sua cidade natal, sua pátria, simplesmente desaparecesse.

Os povos das ilhas Carteret e de Tuvalu estão entre os primeiros a ser chamados de "refugiados do clima", ou "refugiados ambientais". E não serão os últimos. A imprensa parece ter se aproveitado da história deles, mas de acordo

1. Salvo indicação em contrário, os fatos e os números nesta seção são do IPCC (2007) AR4, WGI, "The physical science basis of climate change", resumo para os estrategistas políticos. Todos os relatórios do IPCC estão disponíveis em www.ipcc.ch
2. A temperatura será dada no livro todo em Celsius.

com algumas estimativas, eles certamente não são os únicos a serem desalojados por causa da mudança climática. Ainda não encontramos uma maneira certa de definir um refugiado do clima, e as estatísticas estão em todo lugar. A Cruz Vermelha argumenta que havia cerca de 25 milhões de refugiados ambientais em 2001.[3] É um número maior do que eles dão para a quantidade de pessoas deslocadas por causa das guerras. Não há dúvida de que esse número, qualquer que seja, está crescendo.

Um mundo mais quente também é um mundo que derrete. O tempo que os rios e lagos do hemisfério norte ficam cobertos de gelo diminuiu em cerca de duas semanas no último século. Mais ao Norte, e de forma mais catastrófica, a banquisa ártica ficou 40% mais fina nos verões das décadas mais recentes, comparada à espessura no início do século XX. Ela simplesmente se dissipou: 10 a 15% do banco de gelo desapareceu. As temperaturas médias do Ártico subiram aproximadamente duas vezes mais que a taxa global dos últimos cem anos. Calotas não polares também recuam em larga escala. Hoje conseguimos ver, por imagens de satélite, que partes do nosso planeta que antes eram cobertas de neve durante o inverno diminuíram pelo menos 10%. Essa é uma observação feita nas últimas décadas, desde que tivemos o interesse de observar o planeta por meio de satélites colocados no espaço. Tudo isso tem efeitos perturbantes sobre as plantas e animais, cuja vida de alguma forma está ligada ao gelo e à neve. Ursos polares, por exemplo, precisam das banquisas para caçar focas, mas o gelo está desaparecendo. Não sei ao certo o que fazer diante disso, mas é possível que, pela primeira vez, os ursos polares tenham começado a comer uns aos outros.[4]

Um dos aspectos mais preocupantes do derretimento —além do risco cada vez maior de inundações nas áreas costeiras, mudanças na vida animal e vegetal e a perda de água potável do escoamento glacial— é o que está acontecendo no *permafrost*. Hoje se constata que o termo não é apropriado. O *permafrost* consiste em camadas intrincadas de solo que ficam mais ou menos congeladas o ano inteiro. Algumas dessas camadas demoraram centenas de milhares de anos para atingir sua forma atual, e estão derretendo, de cima para baixo, quase em todos os lugares. As temperaturas na superfície da camada de *permafrost* subiram nada mais, nada menos que três graus desde a década de 1980. Isso é preocupante por inúmeras razões, mas talvez a mais grave de todas tenha a ver com o carbono. Há muitas coisas mortas no *permafrost*: animais e matéria vegetal que produzem carbono. Como o *permafrost* normalmente está congelado, não sofre influência das bactérias, e o carbono permanece no mesmo lugar. Se ele começar a derreter, uma quantidade imensa desse elemento químico —talvez em torno

---

3. International Federation of Red Cross e Red Crescent Societies (2001), *World Disasters Report 2001*, International Federation.
4. S. C. Amstrup et al (2006), "Recent observation of intraspecific predation and cannibalism among polar bears in the southern Beaufort Sea", , vol. 29, 11, 2006.

de 450 bilhões de toneladas— chegará até a atmosfera, acelerando o aquecimento do planeta. Este é um dos mecanismos de retroalimentação (*feedback*) positiva do planeta, do qual você já deve ter ouvido falar. Voltaremos a falar dele no momento certo.

As mudanças em nosso planeta não estão acontecendo somente em lugares distantes, como nos polos ou nas áreas de tundra (Rússia, Sibéria e Canadá). O fenômeno El Niño afeta o tempo no mundo todo. A cada três ou cinco anos, aproximadamente, o mar e a atmosfera no centro do Oceano Pacífico e em volta dele passam por uma mudança. Em particular, as condições do El Niño estão relacionadas com as temperaturas mais altas que o normal da superfície do mar, que afetam a temperatura da atmosfera, das correntes oceânicas e, em geral, o tempo em todo o globo. Por exemplo, as condições do El Niño levam a um tempo mais quente e mais úmido na América do Sul e consideravelmente mais seco no Sudeste Asiático e na Austrália. Nos anos especialmente mais intensos do El Niño, a América do Sul fica sujeita a tempestades violentas e inundações severas, e partes da Austrália passam por secas causticantes e incêndios florestais de grandes proporções. Os efeitos não ocorrem somente na terra. Os recifes de corais tendem a clarear durante os eventos do El Niño —as algas simbióticas que vivem dentro deles são expelidas devido ao estresse pelo calor e as estruturas ficam esbranquiçadas. Muitos corais demoram bastante para se recuperar, quando se recuperam. Quase todos os corais em grandes áreas do Oceano Índico formam, hoje, um cemitério de corais brancos, mortos e quebradiços.

O aquecimento da Terra resultou em eventos do El Niño mais frequentes duradouros e intensos nos últimos vinte ou trinta anos se comparados aos últimos cem anos, e as inundações e secas relacionadas a esse fenômeno seguiram o mesmo ritmo de intensidade e frequência. Podemos considerar esse acontecimento a partir de reflexões sobre os danos causados pelo tempo extremo. Uma espécie de medidor seria excelente para esse tipo de coisa, mas certamente existe um registro das perdas econômicas relacionadas ao clima. Ajustadas pela inflação, as perdas globais cresceram uma ordem inteira de magnitude nos últimos quarenta anos. As companhias de seguros mudaram a forma de fazer negócios. Tente não se deixar envolver demais pelos números. Os fenômenos climáticos catastróficos resultam em algo além das meras perdas econômicas: resultam na perda da vida humana. A parte dessa perda ligada aos fenômenos do El Niño também vem crescendo ultimamente.

As mudanças planetárias não afetam somente os seres humanos. Variedades de plantas e animais migraram em direção aos polos ou para áreas mais frescas e mais altas. Os insetos aparecem mais cedo, os pássaros migram antes da hora, as plantas florescem prematuramente, as épocas de cria se antecipam e duram mais tempo. Algumas plantas e animais estão se adaptando às alterações, mas outras, particularmente as que já estão ameaçadas por outros fatores, não são capazes de mudar. A velocidade da mudança é demais para muitas criaturas. A migração funcionará para alguns animais, mas para outros simplesmente não há opção. Um gorila da montanha que precisa de um clima mais fresco subirá a montanha para encontrá-lo, até chegar ao cume. Espécies inteiras já morreram como resultado da mudança climática.

Algo está sendo causado ao nosso planeta, neste momento, pelo aumento de 0,7 grau —ao gelo, à neve e ao *permafrost*, aos oceanos, aos padrões climáticos, à terra e às plantas e animais, inclusive a nós mesmos. Há bons motivos para pensarmos que o ritmo do aquecimento está aumentando. Falaremos dessas razões quando for apropriado; por enquanto, pense um pouco sobre as mudanças de temperatura previstas, mudanças que, sem dúvida, vão moldar o futuro do nosso mundo em aquecimento.

Em 2000, diversas previsões foram feitas.[5] Para o período entre 1990 e 2025, previu-se um aumento entre 0,4 e 1,1 graus —isso significa que, no mínimo, o aquecimento seria pelo menos 50% maior em 35 anos que nos últimos cem anos. Para o período entre 1990 e 2050, o aumento previsto ficou entre 0,8 e 2,6 graus. No final deste século, o aumento previsto foi de 1,4 a 5,8 graus no total, de duas a dez vezes mais quente que o observado em todo o século XX.

Essas variações previstas e bastante desanimadoras foram revistas ao máximo em 2007. Em 2100, as estimativas para o aumento da temperatura variam de 1,1 a 6,4 graus. Não houve um aumento dessa magnitude pelo menos nos últimos 10 mil anos. Pesquisadores capazes de analisar as bolhas de ar presas em núcleos de gelo concluíram que o planeta não esquenta de forma tão brusca há pelo menos 400 mil anos, se é que isso já aconteceu.

Como vimos, um aumento de 0,7 grau já está modificando nosso planeta; então, pense nos próximos quinze, cinquenta ou cem anos. O que acontecerá quando a temperatura média global subir a um nível entre 1 e 7 graus? Isso vai acontecer e desde já nos compromete.

Consenso

Você já deve ter ouvido algo a respeito da incerteza científica quanto à mudança climática, ou sobre o chamado "debate da mudança climática". O debate teve certa audiência, e, por vezes, ainda tem —livros, documentários, programas de entrevista e até os jornais decentes dedicam espaço a ele de tempos em tempos. Ele também já apareceu nas tribunas do Senado dos Estados Unidos. O senador James Inhofe, por exemplo, manifestou as diretivas políticas na época do governo

---

5. O primeiro grupo de números consta no TAR, do IPCC. Os mais recentes são do 4AR.

Bush dizendo que "a afirmação de que o aquecimento global é causado pelas emissões do homem simplesmente é falsa e não é baseada na boa ciência."[6]

No entanto, não há nada como um debate entre os cientistas quando se trata do fato da mudança climática ou do papel do homem nessa mudança. Na verdade, pouquíssimas pessoas fora da comunidade científica ou à margem dela dizem que o clima não está mudando. Outras aceitam o fato da mudança, mas insistem que ela faz parte de uma variação natural e que realmente não é causada pelos seres humanos. Alguns se deleitam na absurdidade de que temperaturas mais quentes beneficiarão a raça humana. Muitas conclusões já foram tiradas da conexão entre a indústria de combustíveis fósseis e o ceticismo em relação à mudança climática, mas não levaremos isso em consideração neste livro.

Mas, para ser preciso, há um consenso científico interessante sobre a existência da mudança climática antropogênica ou provocada pelo homem. A visão errônea de que não há consenso na comunidade científica precisa acabar. Essa visão é levada bem a sério em alguns ambientes —até mesmo em ambientes de importância, como o Senado dos Estados Unidos—, e não deveria. Ela se interpõe ao nosso verdadeiro foco, às demandas éticas associadas à mudança climática. Ela não será um empecilho por muito tempo.

Devo enfatizar que o resultado não é um apelo à autoridade. Apelos à autoridade certamente são considerados falaciosos porque a verdade de uma afirmação nunca pode ser estabelecida pelo fato de ter sido feita por alguém com autoridade. As falácias já nos são conhecidas há muito tempo. Os discípulos de Pitágoras tentaram justificar suas declarações dizendo, grosso modo, "O próprio Pitágoras disse isso", e talvez até tenham insistido um pouco. Os gregos antigos não caíam nessa, e nós também não, de modo geral. O erro é facilmente percebido quando o especialista que entra em detalhes não é um especialista no assunto em questão. Atores sabem bastante coisa sobre cenários e figurinos, mas seus conhecimentos não se estendem à política. Mesmo que por acaso estejam certos, o fato de dizerem que a guerra é errada não é uma razão suficiente para pensarem que a guerra é errada.

As questões se complicam quando percebemos que mesmo quando um especialista luta em favor de um assunto dentro de sua área de especialidade, isso não o torna defensor de uma verdade. Especialistas podem interpretar as coisas erroneamente ou ter segundas intenções. Todavia, não estamos tentando estabelecer a verdade de algo acima da existência de um consenso científico acerca da mudança climática e, nesse contexto, o que os especialistas dizem importa mais que qualquer outra coisa. Segue-se que quase todas as autoridades estão em comum acordo: é certo o fato de que o clima está esquentando e que os seres humanos são uma das causas disso. O resultado é uma explicação simplista da história desse consenso.

6. James M. , senador dos Estados Unidos e presidente da Comissão de Meio Ambiente e Obras Públicas, discurso feito em 28 de julho de 2003.

Em 1988, dois órgãos da ONU, a Organização Mundial de Meteorologia e o Programa Ambiental das Nações Unidas, estavam preocupados com a possibilidade da mudança climática. Ambos estabeleceram o Painel Intergovernamental da Mudança Climática (IPCC), que tinha e ainda tem a responsabilidade de avaliar a evidência científica para a mudança climática por meio de exames à literatura técnica, revisada por especialistas. O IPCC também tem o objetivo de informar e aconselhar os políticos e outros que se importam com as mudanças do clima. É formado por três grupos de trabalho —o primeiro lida com a base física da mudança climática; o segundo, com os vários impactos possíveis ou prováveis advindos dessa base; e um terceiro,com estratégias de atenuação. O IPCC também abriga uma força-tarefa que controla as emissões de gases-estufa.

O órgão inteiro é composto por centenas de especialistas do mundo todo, e seu trabalho, provavelmente com razão, foi declarado o maior empreendimento científico internacional da história humana. Seus esforços estão reunidos em vários livros e, o que talvez seja mais importante, relatórios de avaliação são publicados em intervalos de aproximadamente cinco anos. Os relatórios são vistos como confiáveis praticamente por todos que trabalham com mudança climática. A maioria considera os relatórios e as publicações do IPCC evidências de um consenso científico cada vez maior sobre vários aspectos do clima.

Com o passar dos anos, como a linguagem nos relatórios foi ficando cada vez mais forte, a confiança da comunidade científica cresceu. De modo levemente hesitante, antigas afirmações foram substituídas por um discurso mais sólido, fundamentado numa melhor compreensão do clima e dos mecanismos da mudança. O primeiro relatório, publicado em 1990, reconhecia incertezas sobre a velocidade e a magnitude da mudança climática, bem como o papel do homem nessa mudança. O fato da mudança, no entanto, nunca esteve em dúvida. Já no primeiro relatório, o IPCC encorajou todos os países a agir imediatamente, para que houvesse uma redução no impacto de mudanças climáticas iminentes. O segundo relatório, publicado em 1995, fez previsões mais específicas sobre o ritmo e a natureza da mudança climática, bem como a afirmação de que "um balanço das evidências mostrou uma influência humana nítida sobre o clima". Em 2001, com a publicação do terceiro relatório, o IPCC foi ainda mais enfático: "Há novos e mais fortes indícios de que a maior parte do aquecimento observado nos últimos cinquenta anos é atribuída às atividades humanas". Uma variedade de efeitos e o ritmo da mudança, baseados em diferentes modelos do clima, foram ressaltados detalhadamente. O quarto e mais recente relatório, publicado em 2007, não abre brecha para dúvidas: "O aquecimento do sistema climático é unívoco, como ficou evidente pelas observações no aumento da temperatura média global do oceano e da atmosfera, no derretimento em larga escala da neve e do gelo e no aumento global do nível do mar".

Outros órgãos fizeram declarações em apoio às descobertas do IPCC. A Academia Nacional de Ciências tem mais de 2 mil dos melhores membros dos Estados Unidos, incluindo duzentos vencedores do Prêmio Nobel. Em um relatório sobre mudança climática publicado em 2001, a Academia observou que o trabalho do IPCC era um resumo satisfatório e preciso da ciência climática atual. Suas próprias visões sobre a mudança climática são claras e diretas: "Os gases-estufa estão se acumulando na atmosfera da Terra como resultado de atividades humanas, provocando um aumento nas temperaturas do ar e da subsuperfície do mar".[7]

A Academia Nacional não é o único órgão científico dos Estados Unidos a apoiar as descobertas do IPCC. Em 2003, A Sociedade Meteorológica dos Estados Unidos concluiu que "agora há evidências claras de que a média de temperatura anual da Terra, estimada no mundo inteiro, veio crescendo nos últimos duzentos anos (...) as atividades humanas se tornaram o principal motivo da mudança ambiental (...)."[8] No mesmo ano, a União Geofísica Americana adotou uma declaração que afirma que a evidência científica mostra fortemente que o clima do planeta está mudando e que as atividades humanas são parcialmente responsáveis pelas mudanças.[9] O Programa Científico de Mudança Climática dos Estados Unidos, que desenvolve pesquisas em nome de treze agências federais do país, publicou um relatório em 2006 que ampliou o conhecimento científico que dava suporte às descobertas do IPCC. O relatório argumenta que os padrões observados da mudança climática nos últimos cinquenta anos não podiam ser explicados somente por forças naturais — a produção humana dos gases-estufa é responsável da mesma maneira.[10]

A opinião científica fora dos Estados Unidos também está fortemente baseada no IPCC. Em junho de 2005, antes da reunião do G8, as academias nacionais de ciência do Canadá, França, Alemanha, Itália, Japão, Rússia, Reino Unido, Brasil, China e Índia assinaram uma declaração apoiando as conclusões do IPCC. A declaração diz que "hoje, há fortes evidências da ocorrência de um aquecimento global significativo (...) é provável que as atividades humanas sejam as grandes responsáveis por esse aquecimento".[11] O restante da declaração encoraja os países a reduzir as emissões de carbono e agir rapidamente para se adaptarem aos efeitos iminentes da mudança climática.

---

7. Committee on the Science of Climate Change, National Research council (2001), Chance Science: An Analysis of Some Key Questions, Washington: National Academy Press.
8. American Meteorological Society (2003), "Climate Change research: issues for the atmospheric and related sciences", *Bulletin of the american Meteorological Society,* 84.
9. American Geophysical Union (2003), "Human impacts on climate", disponível em http://www.agu.org/outreach/science_policy/positions/climate_change2008.shtml.
10. Tom M. L. Wigley et al, Federal Climate Change Science Program (2006), "Temperature trends in the lower atmosphere", disponível em www.globalchange.gov/.
11. Joint Science Academies (2005), "Joint science academies's statement: Global response to climate change", disponível em www.royalsoc.ac.uk

Seguindo uma campanha feita pela Royal Society em Londres, as academias científicas nacionais ou regionais da Austrália, Bélgica, Brasil, Canadá, Caribe, China, França, Alemanha, Índia, Indonésia, Irlanda, Itália, Malásia, Nova Zelândia e Suécia publicaram uma declaração conjunta sobre a ciência da mudança climática em 2001. É difícil interpretar mal o artigo: "O trabalho do Painel Intergovernamental sobre Mudanças Climáticas representa o consenso da comunidade científica internacional sobre a ciência da mudança climática. Reconhecemos o IPCC como a fonte de informações mais confiável do mundo sobre a mudança climática e suas causas".[12]

Em suma, há muita concordância entre os especialistas do mundo todo sobre a mudança do clima e sobre nosso papel nessa mudança.[13] Se você tinha alguma dúvida, ou talvez pensasse que a reflexão científica ainda não resolveu a questão sobre a veracidade e a ocorrência da mudança climática, então, esperançosamente, essas dúvidas permanecem com você. Entender os verdadeiros mecanismos da mudança climática pode ajudá-lo a se envolver no debate moral. Falaremos agora, de forma breve, sobre a ciência da mudança climática.

Ciência "sólida"

A ciência que fundamenta nossa compreensão dos efeitos do dióxido de carbono e de outros gases na temperatura do planeta não é nova.[14] O efeito do aquecimento provocado pelos gases atmosféricos foi percebido pela primeira vez por Jean-Baptiste Fourier em 1827. Ele também foi o primeiro a comparar os efeitos desses gases com o vidro de uma estufa, dando origem ao termo "efeito estufa". O que interessava Fourier e outros naquela época não era a natureza de um mundo em aquecimento, mas como as eras glaciais eram possíveis — como, em outras palavras, um mundo acolhedor como o nosso poderia se transformar em um mundo congelado, e depois voltar ao normal. Estava claro que grandes partes do planeta, no passado, haviam sido cobertas por gigantescos lençóis de gelo. Mas ninguém entendia os mecanismos responsáveis por mudanças climáticas tão drásticas. Como tudo poderia simplesmente congelar dessa forma?

Foi John Tyndall quem argumentou que uma das causas das eras glaciais poderia ser uma queda no dióxido de carbono atmosférico e, portanto, uma diminuição do efeito estufa. Com um instinto bem característico, ele escreve:

---

12. A declaração foi publicada na revista *Science*, 18 de maio de 2001.
13. Enquanto este livro estava sendo finalizado, uma pesquisa de internet indicou que muito mais órgãos apoiaram as descobertas do IPCC.
14. Para mais detalhes sobre a ciência da mudança climática, ver John Houghton (2004), *Global Warming: The Complete Briefing*, Cambridge: Cambridge University Press. Caso venha a ler esse trabalho, perceberá meu imenso agradecimento a Houghton. Salvo quando for indicado, todos os números apresentados nesta seção e na próxima são desse excelente trabalho, baseado nas descobertas do IPCC.

O calor solar tem o poder de atravessar a atmosfera, mas quando ele é absorvido pelo planeta, sua qualidade muda tanto que os raios emanados do planeta não podem voltar para o espaço com a mesma liberdade. Por isso, a atmosfera permite a entrada do calor solar, mas limita sua saída; o resultado é a tendência de acumular calor na superfície do planeta.[15]

Ele foi o primeiro a dar provas experimentais disso ao medir a absorção do calor pelo dióxido de carbono, vapor de água e outros gases.

Com o mesmo objetivo de explicar as mudanças climáticas responsáveis pelas eras glaciais, o químico sueco Svante Arrhenius, ao realizar uma série de cálculos, mostrou que reduzir pela metade a quantidade de dióxido de carbono na atmosfera diminuiria a temperatura média da superfície de quatro a cinco graus. Seu amigo, Arvid Högbom, estava interessado em saber como o carbono era colocado na atmosfera e removido dela por processos naturais — como a liberação de carbono pelos vulcões e sua absorção pelos oceanos. Arrhenius o convidou para ajudá-lo a explicar as eras glaciais. Högbom foi o primeiro a levar a sério a possibilidade de a queima de combustíveis fósseis e sua consequente produção de gases-estufa aumentarem a temperatura média do planeta. Arrhenius também se interessou por esse fato e, em 1896, ao fazer os cálculos, descobriu que a duplicação na quantidade de dióxido de carbono na atmosfera aumentaria a média da temperatura global de cinco a seis graus. Suas predições não estariam tão distantes assim.

Seja como for, ninguém encarou a questão como motivo de alarme, nem sequer como algo preocupante. Dados os níveis de dióxido de carbono produzido no final do século XIX, acreditava-se que seriam necessários milhares de anos para dobrar a concentração de carbono na atmosfera. Ninguém, naquela época, levou em conta o grande aumento na população do planeta e no consumo de combustível, fatos que caracterizariam o próximo século. De todo modo, ninguém duvidou por um minuto sequer que os vastos oceanos absorveriam a maior parte do carbono, neutralizando bastante nossa produção industrial.

No entanto, foi somente cinquenta anos depois que o meteorologista amador G. S. Callendar relacionou registros de crescimento no carbono da atmosfera ao crescimento na temperatura média. Em 1957, Hans Suess e Roger Revelle descobriram que a taxa de absorção de carbono pelos oceanos não chegavam nem perto do que havia sido previsto. Eles argumentaram que "os seres humanos estão executando um experimento geofísico de larga escala de um tipo que não poderia acontecer no passado e nem ser reproduzido no futuro".[16]

Esse foi o primeiro grande alerta sobre a mudança climática, a primeira expressão séria de preocupação por parte da comunidade científica.

---

15. John Tyndall (1870) *Heat, A Mode of Motion.*
16. Roger Revelle e Hans E. Suess (1957), "Carbon dioxide exchange between atmosphere and ocean and the question of an increase of atmospheric CO2 during the past decades", *Tellus 9*, págs. 18-27.

Somente esse pequeno esboço mostraria que diversas coisas são tidas como verdadeiras e incontestáveis pelos cientistas climáticos. O fato de que o Sol esquenta a Terra é óbvio até demais. Pelo menos desde Tyndall, sabemos que vários gases presentes na atmosfera absorvem parte desse calor quando é irradiado da Terra, detido um pouco antes de voltar para o espaço. Desde Arrhenius e Högbom, sabemos que a queima de combustíveis fósseis lança alguns desses gases na atmosfera e que seu excesso aumenta a temperatura da superfície. Sabemos também, desde Suess e Ravelle, que estamos fazendo exatamente isso, ou seja, lançando um monte de carbono na atmosfera, provavelmente modificando a temperatura do planeta. Tudo isso demorou um tempo para ser entendido — houve objeções e argumentações, além de experimentos e confusões —, e agora tudo são dados, que não são, de modo algum, pouco detalhados.

Provavelmente, a forma mais fácil de pensar nos detalhes, ou melhor, o modo mais fácil de compreender o efeito estufa, é pensar na atmosfera da Terra como um tipo de manta. Essa imagem aparece em quase todas as descrições populares do funcionamento de nosso clima das quais tomei conhecimento. A radiação emitida pelo Sol atravessa a atmosfera praticamente sem nenhum impedimento e é absorvida pela matéria da superfície do planeta. Essa matéria, dependendo do tipo, emite radiação térmica em diferentes níveis. Alguns dos gases presentes na atmosfera absorvem essa radiação e mantêm o calor na atmosfera, que de outro modo seria eliminado para o espaço.

Um bom número de gases, principalmente o vapor d'água, faz isso naturalmente, e o chamado "efeito estufa natural" é, para todos os efeitos, uma coisa boa. Sem ele, a temperatura média do planeta seria um pouco abaixo do congelamento. Outros gases, como dióxido de carbono, metano e óxido nitroso também ocorrem naturalmente e contribuem para o efeito estufa natural. O problema é que esses outros gases também estão entre os derivados da queima de combustíveis fósseis e de outras atividades humanas ligadas ao uso que fazemos da terra. Aumentamos a concentração desses gases na atmosfera e, com isso, intensificamos o efeito estufa natural. O dióxido de carbono tende a ser o foco deste livro porque ele é responsável por cerca de 70% do efeito estufa antropogênico ou aumentado. O metano, por outro lado, é muito eficaz nesse sentido: embora lancemos uma quantidade menor desse gás na atmosfera, uma molécula de metano produz um efeito estufa oito vezes maior que o produzido por uma molécula de dióxido de carbono. Uma vez na atmosfera, esses gases agem como uma manta, retendo parte do calor. Ao queimar combustíveis fósseis e lançar mais gases-estufa na atmosfera, estamos, na verdade, engrossando a manta — e isso está esquentando o planeta.

Que quantidade de carbono já lançamos na atmosfera? Essa quantidade varia bastante quando consideramos longos períodos de tempo e retrocedemos a centenas de milhares de anos. No entanto, durante muitas centenas de anos antes de começarmos realmente a queimar combustíveis fósseis, antes da Revolução Industrial em 1750, a quantidade de carbono na atmosfera pairava próxima a 280 partes por milhão. Durante esse longo período de relativa estabilidade, os seres humanos passaram de bandos sujos de caçadores-coletores a seres humanos modernos e civilizados, bem-vestidos e educados, com cidades, cultura e reservas para jantar. É possível pensarmos numa conexão entre aquele período de estabilidade climática e o advento da civilização humana. Também é possível nos preocuparmos com o fato de que esse período de estabilidade está chegando ao fim.

Desde o início da Revolução Industrial, os seres humanos despejaram a quantidade assombrosa de 600 bilhões de toneladas (ou gigatons) de dióxido de carbono na atmosfera. A concentração de gases flutuantes aumentou aproximadamente 30% desde a Revolução Industrial, e agora está em 370 partes por milhão. Atualmente, adicionamos cerca de 6 ou 7 gigatons por ano. A quantidade lançada na atmosfera cresceu e vem crescendo a cada ano. Em um período muito curto de tempo, modificamos a composição da atmosfera de maneira drástica. Além de estarmos aumentando a quantidade de carbono na atmosfera, também é verdade que demora bastante para que os oceanos, as plantas e as criaturas do nosso planeta absorvam do ar uma parte disso. Se as máquinas parassem de funcionar amanhã e nem a mínima quantidade de carbono fosse lançada na atmosfera como resultado das atividades humanas, continuaríamos sobrecarregados com algum nível de efeito estufa aumentado por centenas, se não milhares de anos.

Se você tiver alguma afinidade natural com o ceticismo, uma questão que talvez lhe ocorra é: como sabemos que os responsáveis somos nós? Talvez possamos medir a quantidade de carbono no ar agora mesmo, e é provável que possamos calcular o quanto havia antes da Revolução Industrial, examinando núcleos de gelo, sedimentos, anéis de crescimento das árvores e coisas do tipo. Talvez, também, a ciência que relaciona o dióxido de carbono ao aquecimento seja bem estabelecida. Apesar disso tudo, ainda pode haver uma ponta de dúvida. Como sabemos que os danos e as mudanças são causados pelos gases-estufa que lançamos na atmosfera? Não poderia ser outro fator, talvez a variação natural, as manchas solares ou uma ou mais causas ainda não identificadas? Quanto a isso, como sabemos se os aumentos previstos na temperatura, mencionados no início do capítulo, estão mesmo para acontecer no final deste século?

As respostas para essas questões têm tudo a ver com modelos climáticos, os quais são algo terrivelmente complicado. Você se sentirá um pouco mais tranquilo quando pensar neles se considerar algo comparativamente mais simples, porém complexo o suficiente: a previsão do tempo digital para o período de um dia.

O Instituto Britânico de Meteorologia, obviamente, é dedicado a produzir previsões regulares do tempo, e isso é feito, em parte, porque o Instituto está conectado a uma rede mundial do tempo chamada Sistema Global de Telecomunicações. Essa rede imensa de computadores emite automaticamente uma quantidade enorme de informações de e para estações no mundo todo. Dados relacionados a tudo que se queira saber sobre temperatura, pressão, velocidade do vento, precipitação e assim por diante são reunidos de fontes variadas como satélites, navios, radares, boias, estações terrestres tripuladas e não tripuladas, plataformas de petróleo, balões etc. O planeta inteiro está crivado de estações de monitoramento.

Todas essas informações são transmitidas automaticamente para lugares como o Instituto Britânico de Meteorologia, que carrega tudo num supercomputador. Este, por sua vez, realiza uma quantidade considerável de cálculos numéricos, processando em alta velocidade equações que descrevem os processos físicos que determinam a forma como o clima se desenvolve. Partindo das condições iniciais fornecidas pelo sistema global, por meio da Matemática, chega-se a uma previsão baseada em uma representação de como o sistema se comportará amanhã.

Um modelo climático funciona mais ou menos assim, mas modelos climáticos devem levar em consideração aspectos mais complexos do planeta, que não são muito importantes no curto prazo. Quase não seria preciso dizer que os modelos climáticos são muito mais prospectivos que as previsões do tempo. Em vez de trabalhar com um instantâneo do tempo do planeta, um modelo climático está preocupado com períodos mais longos de tempo: de poucos anos a muitas décadas. Modelos climáticos produzem informação sobre estimativas de certos aspectos do tempo (como temperatura, pressão, precipitação etc.), bem como variações estatísticas dessas estimativas, durante longos períodos de tempo. Os cálculos numéricos feitos por um supercomputador que esteja executando um modelo climático envolvem não somente representações matemáticas dos tipos de processos físicos encontrados em um modelo climático, mas também várias retroalimentações no sistema climático e outros tipos de ligações que podem levar algum tempo para se desenvolver, além de outros fatores que importam ao longo de períodos maiores.

Por exemplo, a atmosfera, os oceanos, a terra, o gelo e as plantas e animais do nosso planeta provocam efeitos uns nos outros no decorrer do tempo, e esses efeitos podem ser relevantes na natureza do clima. Algumas dessas interconexões, no entanto, se manifestam como retroalimentações no sistema climático e podem fazer uma diferença enorme no que prediz o modelo. Para dar um exemplo caricatural, se a atmosfera se tornar, em média, mais quente, então mais água irá evaporar dos oceanos e rios. Isso significa que uma atmosfera mais quente conterá mais vapor d'água que uma mais fria. Como esse vapor tem um efeito estufa significativo, há uma retroalimentação positiva como resultado: uma atmosfera mais quente é uma atmosfera mais úmida, e uma atmosfera mais úmida ficará ainda mais quente com o tempo.

Como sabemos que esses modelos são precisos? A resposta óbvia é a correta: coloca-se o modelo em funcionamento com informações de cinco ou 5 mil anos atrás e observa-se como suas previsões se enquadram ao que já se conhece sobre o clima do passado. Também é possível reconfirmar um modelo observando como ele responde a eventos incomuns que resultam em anomalias climáticas. Quando sabemos que uma erupção vulcânica específica resultou em todos os tipos de mudanças locais e até planetárias, e todos os registros foram detalhados, podemos inserir a erupção no modelo e ver como ela se enquadra ao que sabemos que realmente aconteceu. Os detalhes do que está sendo comparado podem ser extraordinariamente pormenorizados.

Fiz com que tudo soasse menos complexo do que é. Alguns modelos climáticos que se estendem a cem anos no futuro podem envolver um quatrilhão de operações diferentes e levar mais de um mês para terminar. Há muitos centros climáticos elaborando diferentes modelos climáticos, e há centenas de pessoas empregadas em cada centro, cada uma provavelmente trabalhando em algum aspecto bem específico do modelo, dos algoritmos, dos dados ou do mundo. Essas pessoas estão ficando cada vez melhores no que fazem, e os modelos estão se tornando cada vez mais precisos, a ponto de serem muito convincentes.

Um dos resultados visualmente mais impressionantes da modelagem climática foi reproduzido pelo IPCC em 2001. O relatório contém uma série de três gráficos que comparam a média global anual das temperaturas da superfície, observadas de 1860 a 2000, conforme simulação dos modelos. No primeiro gráfico, somente as forças naturais relevantes na temperatura foram fatoradas no modelo. Não há uma correspondência muito clara entre as temperaturas observadas e as representadas no modelo. No segundo gráfico, somente os gases-estufa antropogênicos foram usados no cálculo do modelo, e o resultado tem uma correspondência mais próxima das temperaturas observadas. Os resultados do terceiro gráfico, que mais correspondem às temperaturas observadas, consideraram os fatores humanos e naturais.

O relatório mais recente do IPCC leva em conta não só modelos, mas o que chamamos de "observações diretas da mudança climática". Os cientistas, tradicionalmente cautelosos, estão propensos a afirmar que podemos desde agora perceber a ocorrência de mudanças. Independentemente de aceitarmos ou não os modelos, é difícil fugir da conclusão de que os seres humanos exercem uma influência no clima, provavelmente uma influência substancial. Tal fato pode nos fazer pensar sobre o impacto que exerceremos futuramente no clima.

Perspectivas

O que pode ser dito sobre o futuro do nosso planeta em aquecimento?[17] As mudanças que explicitamos no decorrer do texto, as mudanças descritas no início deste capítulo, continuarão a nos influenciar por um tempo, independentemente do que fizermos. O planeta certamente ficará mais quente. Entre outras coisas, ainda não sabemos ao certo qual a quantidade de carbono, no futuro, que será lançada na atmosfera ou como devem se comportar os mecanismos de retroalimentação do planeta. Portanto, paira uma incerteza em relação à magnitude, duração

---

17. Os detalhes desta seção são de IPCC (2007) 4AR, "The Physical Science Basis"

e variabilidade regional de nossas estimativas. Contudo, sabemos que estamos envolvidos, durante este século, no aumento global da temperatura média da superfície de 1,1 a 6,4 graus. De acordo com os relatórios dos paleoclimatologistas, esse aumento nunca foi visto antes nos últimos 10 mil anos —alguns argumentam que o planeta nunca esteve tão quente nos últimos 400 mil anos.

Podemos pensar na velocidade e na monstruosidade da mudança descrita acima ao pensarmos nas eras glaciais e nos períodos interglaciais temperados que as encerraram. A diferença nas temperaturas entre as eras glaciais e os períodos mais quentes é de mais ou menos 5 ou 6 graus. Para os humanos, como opostos aos padrões geológicos, leva um tempo muito longo para que o planeta saia de uma era glacial e entre num período relativamente mais quente. As mudanças de temperatura diante de nós, somente neste século, estão a mais ou menos dois terços de uma mudança digna de uma era glacial. A mudança é absurdamente rápida para os padrões planetários. Não obstante, estamos seguindo numa direção estranha: o planeta está se movendo na direção oposta de uma era glacial, seja lá o que isso signifique.

É importante notar que as temperaturas mencionadas são médias globais. Alguns lugares terão, em média, um aumento muito maior que 1,1 a 6,4 graus —massas de terra em oposição às superfícies oceânicas e, particularmente, as regiões polares e tropicais. Haverá temperaturas máximas mais altas, mais dias quentes e mais ondas de calor em todo o planeta. De modo inverso, as temperaturas mínimas serão mais altas e haverá menos dias frios ou menos ocorrência de geadas. Esse aumento geral irá exacerbar os efeitos que já foram percebidos, as mudanças pelas quais o planeta já está passando.

Por exemplo, o futuro será caracterizado por eventos climáticos mais extremos. Quanto mais o planeta esquenta, mais aumenta a evaporação e mais vapor d'água se acumula no ar, até que algumas regiões da Terra passarão por muito mais ou muito menos precipitações. Não se trata de uma distribuição uniforme de chuva extra. Os climatologistas dizem que o ciclo hidrológico da Terra ficará mais intenso, o que significa a ocorrência de eventos climáticos mais extremos —e nas duas direções, mais úmidos e mais secos. A frequência e a intensidade de chuvas fortes, tempestades e inundações aumentarão em alguns lugares, assim como a constância de desmoronamentos, avalanches e deslizamentos de terra [por exemplo, as cheias no Nordeste brasileiro no mês de junho de 2010]. Em outras áreas, a frequência e intensidade de secas ou quedas gerais nos níveis de precipitação vão aumentar. Nesses lugares, o cultivo será danificado ou não crescerá, a água para o consumo e para a agricultura será esparsa ou desaparecerá por completo, e o número de incêndios florestais irá crescer. Há uma grande chance de os furacões ficarem cada vez mais frequentes e poderosos; o ciclo das monções será afetado e, de modo geral, o clima mundial se tornará cada vez mais drástico.

O recuo das geleiras não vai parar. A neve que cobre o planeta será menor, o *permafrost* continuará derretendo, as banquisas diminuirão ainda mais e o manto de gelo da Groenlândia certamente diminuirá. Além disso, o ritmo dessas alterações é proporcional ao ritmo da mudança de temperatura. Nos lugares em que o gelo ou neve derretem mais lentamente,essa fusão ocorrerá mais rapidamente, talvez até por completo. O Parque Nacional Glacier, em Montana-EUA, já foi totalmente coberto por gelo e neve. Em 1850, ele continha 150 geleiras. Hoje, há 27 delas, e por volta de 2030 elas desaparecerão. A neve de Kilimanjaro —"ao Sol, inacreditavelmente branca", segundo Hemingway— desaparecerá em 2020. Pelo menos um sexto da população mundial recebe água fresca do derretimento de gelo das cordilheiras. O abastecimento de água para um grande número de seres humanos, talvez bilhões, será menor e desaparecerá nas próximas décadas [já estamos verificando essa ocorrência em algumas regiões do Peru].

Essas mudanças gerais no clima e na superfície do planeta certamente serão acompanhadas por mudanças na vida de muitas plantas e animais. É provável que as criaturas já ameaçadas de extinção sejam dizimadas em virtude dessas mudanças. Não são apenas os "garotos propaganda" da mudança climática —criaturas bastante conhecidas, como ursos polares e gorilas— que estão condenados. Segundo estimativas, algo entre 15 a 37% de todas as espécies de plantas e animais podem ser extintas como resultado dos efeitos da mudança climática já em 2050.[18] Acredita-se que a taxa de extinção neste século seja de cem a mil vezes maior que a normal. Considerando a perspectiva dos registros fósseis, estamos vivendo a sexta maior extinção em massa que nosso planeta já viu —a quinta aconteceu com os dinossauros. O biólogo E. O. Wilson chamou nosso futuro imediato de "Idade da Solidão", uma época em que estaremos no planeta acompanhados de quase mais nada.[19] Não importa o que façamos para aceitar a questão, estamos atravessando um momento de perda assombrosa, repentina e permanente.

Todas essas mudanças também afetarão os seres humanos, e não só os seres humanos que, como os gorilas-das-montanhas, fazem suas casas em lugares precários. A mudança mais óbvia seria apenas o aumento nas temperaturas médias. Alguns lugares, obviamente, se tornarão mais habitáveis, mas os lugares que já são habitáveis, lugares que ocupamos de forma bastante densa, se tornarão menos habitáveis. Os desertos podem invadir o noroeste dos Estados Unidos. O Mediterrâneo pode herdar o clima da África do Norte.[20] Só o calor já pode nos matar. No verão de 2003, durante uma onda de calor, 35 mil pessoas morreram na Europa —algumas estimativas elevam esse número ainda mais.

18. C. D. Thomas et al (2004), "Extinction risk from climate change", *Nature*, 427, 145-8.
19. Edward O. Wilson (2003), *The Future of Life*, Vintage.
20. Para uma descrição realista de futuros possíveis, ver Mark Lynas (2007), *Six Degrees*, Londres: Fourth Estate.

Se as altas temperaturas foram ou não causadas pelo aquecimento global é irrelevante. O fato é que temperaturas mais elevadas e prolongadas podem matar muitas pessoas [principalmente os mais idosos e os portadores de doenças crônicas]. A Associação Mundial de Meteorologia estima que o número de pessoas mortas todo ano em virtude do calor vai dobrar em 2020 com o aumento das temperaturas médias.[21]

Agora, considere as mudanças previstas no nível do mar. Ele continuará subindo entre 10 cm a um metro até o final do século. Assim como as temperaturas médias da superfície, o aumento poderia ser ainda maior em alguns lugares que em outros. Como a temperatura média dos oceanos leva muito mais tempo para mudar se comparada às temperaturas do continente, a expansão térmica dos oceanos demorará um pouco para acontecer. Isso significa que o nível do mar continuará subindo por muitos séculos, talvez milhares de anos, não importa o que façamos. Quase metade dos seres humanos vive em zonas costeiras, em áreas que podem estar sujeitas a inundações mesmo com um pequeno aumento no nível global do mar. Bangladesh, por exemplo, é um delta densamente povoado. Com o aumento de um metro, o país perderia 20% de sua área habitável, que atualmente é ocupada por cerca de 15 milhões de pessoas. Estima-se que o nível do mar na região de Bangladesh terá subido um metro em 2050. Algumas estimativas afirmam que o nível chegará a 2 m em 2100.[22]

Podemos nos perguntar para onde todas essas pessoas irão — não só as pessoas de Bangladesh, mas as centenas de milhões que serão afetadas pelo aumento do nível do mar em todas as regiões costeiras [lembrando que o Brasil possui uma costa litorânea de mais de 7 mil quilômetros de extensão]. Também podemos nos perguntar o que todos vão comer. Como os solos das planícies aluviais são ricos em nutrientes, grande parte da produção agrícola do planeta é feita nesses solos, nos mesmos lugares que serão perdidos com a subida do nível do mar. As indústrias também costumam se posicionar perto das costas e dos rios, e sofrerão da mesma maneira. Além disso, a reserva de água potável corre perigo, pois quando o nível do mar aumenta, sua água encontra um caminho até os lençóis freáticos. As temperaturas cada vez mais altas também terão efeito na agricultura e nos locais de cultivo —haverá perda de colheita enquanto tentamos nos adaptar.

Podemos esperar um futuro com centenas de milhões, até mesmo bilhões de desabrigados, pessoas sedentas, gente escapando não só da elevação do nível do mar, mas se afastando das áreas de terras férteis estorricadas e poços secos. Não é preciso muito para imaginar os conflitos que acontecerão diante da alteração nos recursos do planeta ou de sua escassez cada vez maior. Também não

---

21. Dados amplamente divulgados, principalmente pela Reuters em 22 de novembro de 2000.
22. Detalhes de Houghton (2004) capítulo 7.

é preciso muito para ver que os mais pobres serão os mais afetados, além de serem aqueles com menos recursos de adaptação. A África, por exemplo —um continente que já sofre com a seca, a falta de colheitas, conflitos regionais, a escassez de água, doenças etc.—, pode esperar uma transformação ainda muito pior por causa da mudança climática.[23]

O futuro reserva muitas mortes e haverá sofrimento em excesso, doenças, sede, fome e violência, que não aconteceriam se nós e nossos antepassados houvéssemos agido de outra maneira. O que fazemos hoje e nos próximos anos terá importância —o que a geração atual está fazendo será de extrema relevância—, só que estamos passando por cima de nós mesmos.

Todas essas mudanças são notórias; mas os cientistas, ao se referirem a catástrofes planetárias, também falam em mudanças "de larga escala, alto impacto e não lineares", que resultam do aumento das temperaturas. Ainda se sabe muito pouco sobre os mecanismos que dão suporte a essas mudanças, e não há nenhum consenso sobre quando e onde (em alguns casos) esses eventos poderiam ocorrer. No entanto, há pelo menos uma preocupação bastante difundida de que eles devem ocorrer no próximo século ou depois, se continuarmos queimando combustíveis fósseis nos níveis atuais, se formos tolos o suficiente para continuar essa atividade da maneira usual.

A circulação termohalina dos oceanos, que alguns chamam de "transportadora oceânica", conduz o calor pelos oceanos do planeta. Ela é responsável, por exemplo, pelo fato de o noroeste da Europa apreciar um clima em sua altitude mais suave que na Groenlândia. As águas quentes do Sul são levadas para o Norte. Parte do que movimenta a circulação é o fato de a água densa, fria e salgada descer. De acordo com a hipótese, à medida que o planeta se aquecer, haverá mais precipitação, e com isso mais água doce nos oceanos —com o tempo, isso enfraquecerá o fluxo das correntes oceânicas, talvez cessando a circulação completa e irreversivelmente. O derretimento do gelo acumulado ao longo de milênios também está liberando água doce no sistema. A distribuição de calor na Terra mudaria radicalmente, e o distúrbio alteraria todos os tipos de *habitat* e vidas humanas.

Após décadas e décadas de aquecimento contínuo, em algum momento do século XXI, a camada de gelo da Antártida poderá começar a derreter. Se o derretimento for substancial, haverá gelo suficiente para contribuir com um aumento de muitos metros do nível do mar. O gelo que cobre partes da Groenlândia já está em processo de derretimento, e, com elevações constantes na temperatura, vai derreter totalmente, aumentando em 7 m o nível do mar. É um aumento gigantesco que afetará, de uma forma ou de outra, quase todas as partes do planeta.[24]

---

23. Para informações mais precisas, ver IPCC (2007), 4AR, WGII, "Impacts, Adptation and Vulnerability".
24. Ver IPCC (2007) 4AR, WGI, "The Physical Science Basis".

Colapsos repentinos nos ecossistemas também podem resultar do aquecimento continuado. Isso é algo além de um grande número de extinções em massa com as quais já estamos envolvidos. Do contrário, ecossistemas inteiros poderiam entrar em colapso com o extermínio de praticamente todo tipo de criaturas em que neles vivem e com a alteração permanente das conexões entre o ecossistema, o clima e o resto do planeta. Por exemplo, toda a vasta floresta amazônica poderia caminhar para a desertificação, citando apenas uma possibilidade terrível [lembre-se de que, em outubro de 2005, em virtude da seca, foi decretado estado de emergência em 61 municípios do estado do Amazonas]. Há, ainda, diversos mecanismos de realimentação possíveis, como a retroalimentação do vapor d'água mencionado anteriormente. Os cientistas falam em limiares, pontos sem retorno, momentos de virada, e depois que se cruzam alguns limites, retroalimentações específicas —que incentivam a mudança climática— entram em ação. O próprio ritmo acelerado tem resultados e efeitos indiretos em ainda mais retroalimentações, e, com o tempo, o sistema climático fica cada vez mais quente, talvez chegando a atingir um novo estado estável que não se assemelha em nada ao sistema temperado no qual vivemos. O palpite é que não temos nenhuma compreensão real da localização desses limiares, mas sabemos que estamos caminhando na direção deles. Trata-se de um eco do pensamento exposto pela primeira vez por Revelle e Suess: "estamos realizando um experimento em nosso planeta, e não temos nem ideia de quais serão os resultados".

James Lovelock é reconhecido pela famosa hipótese de Gaia, ou a visão de que a Terra é um sistema autorregulador, dotado de partes, inclusive as vivas, que juntas tornam o planeta hospitaleiro e habitável. Lovelock argumentou recentemente que pode ser muito tarde para fazer algo de significativo em se tratando de mudança climática. Talvez já tenhamos ultrapassado muitos limites, aflige-se ele, e a única coisa que podemos fazer agora é nos prepararmos para os horrores por vir em virtude de um clima perigosamente inóspito. Os governos deveriam investir para salvar a maior quantidade possível de pessoas. O conhecimento humano deveria ser registrado em livros não perecíveis, que os sobreviventes viriam a encontrar nos destroços da civilização. Talvez seja preciso construir casamatas. É possível que o máximo que possamos esperar seja ajudar os sobreviventes, talvez até nos agarrarmos à mísera esperança de que nossa espécie estará entre as poucas que conseguirão sobreviver. Ele termina um livro recente com essa imagem perturbadora:

Enquanto isso, no mundo árido e quente, os sobreviventes se juntam para uma jornada aos novos centros de civilização no ártico; eu os vejo no deserto, enquanto a alvorada desponta e o Sol lança no acampamento seu olhar penetrante, atravessando o horizonte. O ar refrescante da noite perdura por um momento e depois, como fumaça, dissipa-se para que o calor assuma seu posto.

O camelo faz vigília, pisca e lentamente se levanta, e fica agachado. Os poucos membros que sobraram da tribo nele montam. O camelo blatera e sai a caminho da longa jornada, insuportavelmente quente, até o próximo oásis.[25]

Esse trecho do pensamento de Lovelock —sua descrição do clima e da humanidade vai muito além disso— constitui uma opinião minoritária. Enquanto alguns cientistas sustentam a possibilidade da inevitável e iminente extinção da nossa espécie como resultado da mudança climática, a maioria afirma que reduzir as emissões dos gases-estufa diminuirá e desacelerará os efeitos da mudança.

A variação nas estimativas do aumento do nível do mar e do crescimento das temperaturas médias, e assim por diante, tem muito a ver com as projeções na quantidade de dióxido de carbono na atmosfera. Os diversos cenários de emissão usados pelo IPCC para prever as temperaturas futuras são caracterizados pelas escolhas que fazemos agora. Alguns cenários apresentam rápido crescimento econômico, a introdução de tecnologias eficientes, a crescente interação social e diferentes tipos de produção de energia; outros retratam mundos heterogêneos com populações cada vez maiores, e sem considerar muito a cooperação, com vencedores e perdedores regionais; outros enfatizam as soluções globais para sustentabilidade; outros se concentram em tentativas locais de proteger tanto as pessoas como o ambiente. Essas narrativas resultam em mundos diferentes.

Tudo isso talvez nos tranquilize um pouco. A variável que parece estar mais relacionada à extensão da mudança climática é aquela sobre a qual podemos gerar um impacto mais imediato. Não se trata das manchas solares, da capacidade de absorção do carbono ou da taxa de derretimento glacial, mas sim de nós mesmos.

---

25. James Lovelock (2006), *The Revenge of Gaia*, Londres: Penguin Books.

Capítulo 2

Certo e errado

Todo o ouro que está sobre ou sob a terra não é suficiente para ser trocado por virtude.
   Platão

Os fatos científicos são uma parte necessária da reflexão sobre a mudança climática, mas sequer representam o todo da questão. A ciência pode nos dizer o que está acontecendo, mas não o que deveríamos fazer a respeito, pois isso depende amplamente do que valorizamos e de como pensamos sobre nossos valores. Antes de adentrarmos questões morais específicas, relacionadas à mudança climática, é bastante válido dedicarmos um tempo refletindo sobre a moralidade propriamente dita. Obviamente, só temos espaço para nos concentrar em partes da Filosofia Moral que podem servir de base para os argumentos que usaremos. Além de fornecer esse pano de fundo, também espero deixar de lado algumas concepções equivocadas sobre a Ética —certos equívocos sobre como, por que e se podemos justificar nossas crenças morais—, assim como fizemos com algumas ideias confusas sobre a ciência da mudança climática.

Certamente, é válido dizer de início que a Filosofia Moral depende do oferecimento de razões, com justificações plausíveis, para certos tipos de crenças. A menos que você pense que esse tipo de coisa não é possível, mas que tem muita importância, os argumentos dos capítulos seguintes não lhe serão convincentes. Por isso, examinaremos primeiro a simples possibilidade de justificação, questionando por que ela importa e a forma como se dá. Um dos propósitos disso tudo é enfatizar o fato de que, para se agir humanamente, é preciso viver de acordo com princípios. Esse fato terá importância quando tivermos diante de nós alguns argumentos para a ação referentes à mudança climática.

Também será útil saber algo a respeito de algumas teorias morais, bem como sobre a consistência e o papel da emoção e da intuição na reflexão moral. Por fim, algumas palavras sobre ética ambiental são simplesmente necessárias para que você conheça um pouco da abordagem defendida no restante deste livro. Talvez essa abordagem não se encaixe muito bem com algumas concepções de ambientalismo, mas espero que haja espaço para ela. Os problemas relacionados com a mudança climática são tão sérios que devemos lançar mão de qualquer ajuda teórica que pudermos, assim como usar todos os recursos que temos. Começaremos com a Filosofia e com o lugar que nela ocupa a reflexão moral.

Filosofia e moralidade

A Filosofia, como geralmente é concebida, independente do que ela for, é um tipo específico de tentativa de responder a três questões bem amplas: O que existe? Como conhecemos? De que forma devemos agir? As respostas à primeira questão nos envolvem na Metafísica, uma análise dos elementos básicos do ser. Os metafísicos tentam esclarecer um pouco as coisas explicando as categorias básicas ou características fundamentais da realidade —a natureza de Deus, os números, as propriedades, a causalidade, e assim por diante. Respostas à segunda questão concernem à Epistemologia, o estudo do conhecimento em si. A Epistemologia tem como parte de seu objeto de estudo a tentativa de explicar quais são as condições para se conhecer uma proposição, bem como quando e se satisfazemos essas condições. Respostas para a terceira questão nos envolvem na Filosofia Moral —em ampla medida, uma tentativa de articular e descrever os princípios do comportamento ético ou da conduta correta.

Deve ser um alívio saber que estaremos concentrados na moralidade em oposição aos fundamentos do ser ou às condições do conhecimento. Para mim, acaba sendo tranquilizador. Para alguns de nós, a reflexão ética pode parecer confortável, ou mais confortável que o pensamento sobre o *status* ontológico dos números ou as condições necessárias e suficientes para a justificação da crença. Certamente, as pessoas que têm um primeiro contato com a Filosofia sabem alguma coisa sobre o comportamento ético, mesmo que nunca tenham se preocupado muito com outros assuntos filosóficos. Fomos criados dentro de um esquema de crenças que pensamos ser simplesmente verdadeiras, talvez até inquestionáveis. Algumas dessas crenças são de natureza moral. Portanto, em virtude apenas da nossa participação em algum tipo de família e cultura, já temos uma parcela de crenças morais. Presumivelmente, daí vem o sentimento de alívio, mas ele pode se dissipar com muita facilidade.

A Filosofia Moral é mais que apenas ter visões sobre o certo e o errado. Afinal, qualquer um pode pensar que roubar é errado, mas o pensamento pode se traduzir em Filosofia Moral se tiver o respaldo de razões que são consistentes de certa forma, razões que deem suporte como uma conclusão. A afirmação feita anteriormente de a Filosofia ser uma tentativa de responder a três questões bem amplas precisa de, pelo menos, uma complementação: as razões devem ser informadas por um tipo geral de lógica ou raciocínio. Simplesmente dizer ou pensar que roubar é errado não é fazer Filosofia Moral —é preciso ter razões que corroborem a afirmação. Por conseguinte, embora todos nós tenhamos uma parcela de crenças morais simplesmente porque somos pessoas educadas de alguma maneira, a Filosofia Moral pode ser tão estranha quanto a Metafísica, porque a Filosofia Moral não diz respeito somente às crenças, mas sim às razões para as crenças.

A importância de dar razões

Antes de continuarmos, no entanto, seria melhor dar uma olhada em algumas variações da ideia de que a teoria moral, ou seja, dar razões para nossas crenças morais, simplesmente não é possível. Se você entender por que dar razões não é somente possível, mas também necessário, entenderá melhor a Filosofia Moral e o papel da moralidade na nossa tomada de decisões. Podemos, então, refletir sobre como isso de fato funciona e, por conseguinte, dar razões para as crenças morais.

Talvez você desconfie de que há algo de errado até mesmo na mera concepção de Filosofia Moral que acabamos de comentar, ou que nela há alguma tensão. Por um lado, parece verdade que todos nós temos um conjunto de crenças morais básicas a partir das quais elaboramos nosso pensamento sobre o certo e o errado —temos esse conjunto de crenças simplesmente pelo fato de termos sido educados. Por outro lado, a Filosofia Moral é tida como a atividade de dar razões para nossas crenças. Talvez lhe ocorra o pensamento de que a razão de termos crenças morais já foi dada: nós as temos por causa da forma como fomos educados. Fim de papo.

Pensar dessa forma explora uma ambiguidade no significado da palavra "razão". A razão, como explicação para termos as crenças morais que temos, pode realmente se reduzir aos fatos sobre a educação. Mas a razão, como justificação racional para nossas crenças morais, é algo totalmente diferente. Se eu lhe peço a razão ou a justificação racional para sua crença de que a autodefesa é um pretexto para alguns tipos de violência, e você divaga sobre sua herança cultural, tenho motivos para pensar que você não entendeu o ponto da questão. O que eu quero é um argumento, um conjunto de premissas e uma conclusão, um pouco de Filosofia Moral, em outras palavras, e não uma história ou biografia.

É essa ambiguidade que dá um pouco de sentido à contestação, geralmente acompanhada de um tapa na testa do falante, que pode ser parafraseado da seguinte forma: "Você não acredita nisso só porque seus pais acreditam, não é mesmo?". Parte do pensamento contido aqui é que as justificações racionais para a crença são algo mais que uma história sobre suas origens. Talvez todos tenhamos herdado um conjunto de crenças morais, mas aí cabe a nós elaborarmos justificações para elas —e podemos muito bem rejeitá-las ou modificá-las no processo. Alguns chegam ao ponto de dizer que não conseguir encontrar nossas justificações é um tipo de falha moral. Por mais que critiquemos a questão, não é preciso ao mesmo tempo minimizar a importância de nossas tradições. Alguns aspectos da tradição podem estar repletos de concepções bem-articuladas e bem fundamentadas de justiça, justeza, igualdade e coisas do tipo. É tão errado ignorar tudo isso quanto assumir tudo como verdade. Mas argumentar e refletir dentro da tradição não é o mesmo que segui-la cegamente.

De todo modo, você pode pensar que o tipo de justificação exigida pela Filosofia Moral é impossível, em virtude de uma noção mais profunda da origem ou natureza das crenças morais, algo a ver com a Psicologia Social, a Antropologia ou a Evolução. Esse é um pensamento diferente e sutilmente mais firme. Pode ser que, ao seguir uma versão dessa linha de pensamento, a moralidade não seja nada além de um artefato cultural. Nenhuma justificação racional pode ser dada para nossas crenças morais simplesmente porque justificações desse tipo não existem. A moralidade não passa de um conjunto de normas oriundo dos desejos e necessidades sociais de nossa classe, regras que são o que são porque nos ajudam a sobreviver. Poderia ter sido de outra forma; na verdade, é de outra forma, com grupos de pessoas em outras partes do mundo que têm diferentes necessidades e preocupações, diferentes circunstâncias e histórias.

Talvez você esteja seduzido por um pensamento similar, porém mais obscuro —expresso lá em Platão e depois, convincentemente, nos escritos de Nietzsche— de que a moralidade é apenas a codificação da vontade do forte. Alguns pensadores recentes, persuadidos pela reflexão evolutiva possivelmente duvidosa, acrescentam um pouco de darwinismo e dizem que a moralidade é a manifestação humana das normas que governam as hierarquias dos macacos. O macho alfa demanda certos tipos de comportamento de seus subalternos símios, e nós continuamos com isso do nosso jeito humano. Nossos códigos morais mantêm os governantes em posição de domínio: pague suas dívidas, não minta nem trapaceie, ofereça a outra face quando lhe agridem, respeite os mais velhos, e assim por diante. Alguns apontam para fatos severos sobre nossos genes e tiram conclusões egoístas.

De uma forma ou de outra, você concluiria que as justificações que supostamente configuram grande parte da Filosofia Moral são impossíveis. As linhas de raciocínio que acabamos de examinar devem mostrar que, se as origens da moralidade estiverem vinculadas a algo que não é a razão, não há justificações, nem razões, para nossas crenças morais. A razão, na verdade, nunca se consolida. As crenças morais que temos existem por forças que não são nossas mentes —fomos socializados ou, talvez, evolutivamente limitados, de modo que temos códigos morais na cabeça. No entanto, nós não nos comportamos moralmente porque levamos a cabo um argumento e vimos que a conclusão —fazer o que é certo—, é a coisa certa a fazer. Assim, o argumento pode prosseguir.

É possível que a melhor resposta para esse pensamento seja dizer que ele esteja correto, talvez a moralidade seja um complicado aglutinador social que existe para nos ajudar a prosperar juntos e da melhor forma que conseguirmos. Talvez ela tenha se mostrado primeiramente como regras estabelecidas por quem estava no poder; ou, ainda, como regras embutidas em nosso comportamento social primata; ou, ainda, veja só, nossos genes. Mas mesmo que uma parte disso ou tudo isso seja verdade —e eu desconfio fortemente que não é—, mesmo que seja correta a história de falar sobre a origem ou a função original da moralidade, ainda assim há muito espaço para a Filosofia Moral.

Ao pedir uma justificação racional para nossas crenças morais, estamos reconhecendo um fato humano, ou seja, um fato sobre nossa humanidade. Independentemente de onde vem a moralidade, qualquer que seja sua função primeira ou sua função presente, seus ditados têm um tipo de força sobre nós somente quando os assumimos como nossos, quando vivemos por eles e, de alguma forma, para eles —em outras palavras, somente quando aceitamos razões para eles. Quando não conseguimos razões para nossas crenças morais, então elas realmente são meio superficiais, como aglutinador social ou como meros resíduos da hierarquia dos símios. Quando conseguimos razões, fazemos algo a mais, algo humano, algo que de fato merece o nome "moralidade".

Não é fácil compreender essa ideia, por isso, um exemplo pode ajudar, mesmo que seja um pouco simplório. O ponto é válido. O livro de Kurt Vonnegut, *The Sirens of Titan*, conta a história de Salo, um explorador de uma raça de robôs extremamente duradouros. Salo está cumprindo uma missão, levar uma mensagem para outra galáxia, quando uma pequena lâmina de metal, necessária para o funcionamento de sua nave, quebra, deixando-o em uma lua do nosso sistema solar. Ele pede ajuda aos seus companheiros longínquos, e eles respondem convergindo vários raios luminosos na Terra, manipulando, com isso, toda a história do planeta, iniciando lá a vida e determinando sua direção e evolução de modo que o objetivo e o propósito de cada vida humana estivessem relacionados à entrega do elemento sobressalente ao robô. Monumentos humanos impressionantes de maneira geral, como a Muralha da China e o Stonehenge, são apenas uma parte da manipulação: são mensagens dos companheiros distantes de Salo, em sua linguagem geométrica peculiar, que significam mais ou menos "Falta muito pouco". Um ser humano acaba, inconscientemente, entregando a peça. A mensagem que Salo levava era uma única palavra, "Saudações", feita para outra civilização.

A história coloca em evidência algumas discussões sobre o significado da vida. Alguns argumentam que a vida humana não pode ter significado nenhum sem um objetivo que transcenda o agente —algo ou alguém que não seja nós e que possa conferir significado a nossa vida. Deus é o principal suspeito aqui. A ideia é de que um indivíduo deveria ter metas e objetivos, mas a menos que essas metas sejam parte de um grande esquema, elas não terão significado por si só. É possível que sejam pequenas demais para ser importantes, ou talvez sejam fugazes demais para ter significado, dada nossa vida curta. Alguns argumentaram que se o que fazemos é parte de um plano possivelmente divino, objetivo e extra-humano, então talvez nossa vida passageira realmente tenha significado. Provavelmente não sejamos tão condenados quanto pensávamos ser. O que importa é o agente exterior. Sem ele, continuando com a argumentação, a vida humana não tem sentido.

O problema desse princípio, suscitado pelo livro de Vonnegut, é que uma vida pode ter um propósito perfeitamente objetivo, até mesmo um propósito assegurado por um agente exterior, mas também pode permanecer sem sentido de forma impressionante. Cada vida humana na história de Vonnegut tem um propósito assegurado por um agente objetivo de fora, externo, talvez imortal, mas esse propósito é apavorante. Todos que já viveram tiveram um papel em um plano que era entregar um pedaço de metal para consertar uma espaçonave e permitir que seu ocupante transmitisse uma mensagem enfadonha. Tudo na história da Terra tem um propósito —todos os pequenos amores e perdas, bem como as "realizações" em grande escala da raça humana— mas é difícil imaginar que há qualquer sentido válido em alguma daquelas vidas humanas.

A moral da história, por insignificante que pareça, é que se a vida humana deve ter significado, temos de aceitá-lo ou, então, assumi-lo. Precisamos entender o propósito e aceitá-lo como nosso; caso contrário, não haverá propósito nenhum, seja objetivo ou não.

Pense mais uma vez nas afirmações sobre a origem da moralidade feitas anteriormente. Todas elas resultam na conclusão, tendo como base alguma história sobre a origem da moralidade, de que não podemos ter razões apropriadas para nossas crenças morais. Talvez estas estejam além da justificação porque são apenas artefatos sociais, contingentes nas necessidades de nosso grupo social específico. Ou talvez as crenças morais estejam além da justificação porque não passam de uma codificação da vontade do forte. Pense também sobre os genes, se quiser.

Ora, se abandonarmos nossas crenças como se fossem reações automáticas, respostas —socializadas ou evolutivamente condicionadas— aos caprichos da vida, então talvez elas fiquem imobilizadas como artefatos sociais, expressões da vontade do forte ou ainda da "vontade" de nossos genes. Elas continuam fracas e sem vida, e é difícil encontrar nelas algum significado ou valor, tal como seria encontrar significado ou valor na vida humana no livro de Vonnegut. Quaisquer que sejam as origens de nossas crenças, a não ser que tenhamos razões para elas, e a não ser que essas razões sejam nossas, sempre terminamos com a moralidade.

O que Foot chama de "moralidade enquanto se vive e respira" é o que é, em parte, por causa das razões que damos e aceitamos para nossas crenças sobre o certo e o errado. De forma bastante parecida com as pessoas sem propósito no livro de Vonnegut, se não nos envolvermos com as razões para nossas crenças morais, ficará difícil perceber como elas poderiam significar algo para nós. Trata-se de Filosofia Moral, justificação com razões, que poderia levantar o mero comportamento do instinto e do estímulo-resposta, e fazer dele uma boa ação, uma ação humana digna de exaltação. Se a moralidade deve ser importante para nós, então temos de encontrar razões para nossas crenças morais, não importa sua origem. Precisamos refletir sobre elas; do contrário, elas nada serão.

O mais importante, depois de refletirmos sobre nossas crenças morais, é viver de acordo com elas e agir motivados por elas. De outro modo, talvez também não sejamos absolutamente nada —ou, pelo menos, muito menos do que poderíamos ser. Há uma esperança, aqui, em relação à ética e nossas ações, particularmente no que decidimos fazer sobre a mudança climática. Talvez você já veja uma ou duas conclusões aparecendo, mas aí estamos, mais uma vez, passando por cima de nós mesmos.

Ou talvez você considere que toda essa discussão tenha muitos princípios morais. Reconheço que ela é pouco sólida e talvez apressada demais, mas sinto que pelo menos parte disso também é verdade. Não consigo pensar em uma forma melhor de refletir sobre a conexão entre a mudança climática e Ética e a ação. Sei que nada disso convencerá o cético conservador, que talvez seja obstinado o bastante para dizer que toda a linha de raciocínio esboçada até agora só funciona "se a moralidade for importante para nós". Talvez ela nunca seja, ou não possa. No entanto, se você estiver seduzido pelo discurso de altos princípios, se acreditar que a moralidade tem de fazer a diferença em algum lugar, talvez perceba por que deve haver algum mérito não só nessas reflexões, mas também na imagem do tapinha na testa seguido da afirmação "Você não acredita nisso só porque seus pais acreditam, não é mesmo?". Ter crenças morais e nunca se preocupar com as razões para elas, nunca buscar justificações, nunca refletir, mas simplesmente aceitar, é o mesmo que ficar com algo que não chega a ser uma perspectiva moral genuína, algo mais próximo da insignificância, algo que praticamente não é humano.

Ter razões morais e deixar de agir de acordo com elas é algo provavelmente pior que a insignificância. Talvez seja uma maldade ou uma imprudência. Infelizmente, falaremos de novo sobre esse tipo de situação no capítulo 4.

Justificando as crenças morais

Como as crenças morais devem ser justificadas? Na verdade, como isso funciona? Costuma-se dizer que todos têm o direito de ter suas concepções, especificamente sobre o certo e o errado. Não há dúvidas de que isso é verdade, na medida do possível, mas não vai assim tão longe. O que você faria com alguém que pensa que matar pessoas inocentes é moralmente aceitável? Você teria problemas ao tentar me convencer de que uma pessoa assim tem o direito de ter suas opiniões. Há uma diferença entre tolerância e uma completa permissividade.

Talvez você compartilhe da minha visão a respeito de pessoas inocentes e assassinato, e passaria algum tempo pensando no que a justifica. Certamente, algumas razões podem ir ao encontro dessa visão. Podemos dizer que as pessoas inocentes são simplesmente isso, inocentes, e que não merecem nenhum mal, muito menos a morte por assassinato. Esse pensamento pode residir parcialmente numa visão oculta, uma afirmação escondida de que algumas pessoas merecem o que lhe acontece, mas deixe-a de lado por enquanto. Em que consiste a inocência que leva à conclusão de que pessoas inocentes não merecem sofrer nenhum mal?

Ora, podemos pensar que seja algo relacionado à justiça, que fazer mal a um inocente é injusto. Podemos considerar isso suficiente e parar por aqui, ou insistir um pouco mais no assunto. Podemos nos apoiar no pensamento sobre justiça e refletir sobre o que é a justiça. Se nos apoiarmos o suficiente nesse pensamento, chegaremos a uma concepção bem ampla de justiça: salvo interferência de algumas considerações moralmente relevantes, justiça significa que ônus e recompensas devem ser distribuídos igualmente entre as pessoas. Em igualdade de circunstâncias, não há nada moralmente relevante em uma pessoa inocente que a sinalize como merecedora de algum ônus, muito menos maus-tratos ou assassinato. Sendo assim, matar uma pessoa inocente é nitidamente errado, de acordo com esses princípios sobre justiça.

É provável que você já tenha entendido aonde quero chegar. O esboço feito anteriormente é apenas um exemplo da justificação das crenças morais, e é algo que fazemos bem naturalmente. Não tenho dúvidas de que você já sabe um pouco sobre esse tipo de justificação, mas é válido explicitar um pouco mais esse conhecimento.

Quando tentamos refletir sobre uma crença moral nossa e justificá-la, geralmente encadeamos razões em retrocesso. Na ocasião, parecemos chegar aos fundamentos, algo que aceitamos como pronto e acabado. Para você, talvez seja a afirmação de que fazer mal a um inocente seja injusto. Ou talvez você quisesse ir além e precisasse de uma explicação de justiça para reforçar as outras afirmações. Se quiser, você pode analisar tudo em partes. A afirmação original de que "matar uma pessoa inocente é errado" foi parcialmente desdobrada. O que é um inocente? Em que sentido isso importa quando se trata de assassinato? O pensamento que surgiu instantaneamente foi sobre a justiça, e se esse pensamento não fosse suficiente, seria fácil encontrar outras ideias sobre justiça e inocência. A partir daí, as conexões entre as ideias sobre certo, errado, inocência e assassinato pareceriam tão objetivas quanto quiséssemos.

Tudo isso é tão óbvio que talvez seja desnecessário chamar sua atenção, mas é na natureza óbvia desse tipo de pensamento que reside a questão. Justificamos crenças morais com razões como essa o tempo todo. O que não é tão óbvio, no entanto, é a natureza dos fundamentos que citamos no parágrafo anterior.

Nossas preocupações parecem ter acabado quando asseguramos nosso pensamento na fala sobre a justiça. Há questões interessantes aqui, e podemos pensar nos fundamentos, nas crenças de algumas pessoas consideradas supremas ou basilares, espaços mentais onde o questionamento simplesmente parece cessar. No que parece ser o meio de um debate moral, às vezes os adversários simplesmente param quando quase chegaram a um acordo —talvez concordem com algo que parece fundamental a ambos. Em outras ocasiões, o argumento continua e a especulação é levada adiante tanto quanto as partes suportarem. Qualquer coisa passível de ser considerada como fundamento de uma crença moral poderia ter como pergunta, "Bem, o que justifica isso?"; qualquer que seja a resposta, pode haver outra pergunta: "Bem, o que justifica isso?"

Se, assim como eu, você tiver um modo próprio de pensar, talvez tenha dúvidas em relação a tais fundamentos. Se você pensar que a fala sobre a justiça precisa ser mais reforçada, acredito que deverá se apoiar nela, pois provavelmente encontrará mais crenças que lhe servem de base. Tenho a sensação de que você pode ir tão longe quanto quiser com a justificação moral, tão profundamente quanto achar necessário, até que deixe de considerar urgente a questão da justificação. Partindo desse tipo de ideia, alguns chegam à conclusão de que a Filosofia Moral não tem fundamento, e que, por isso, nossas crenças morais são, de alguma forma, insustentáveis. Outros encontram riqueza em nosso pensamento moral, uma espécie de profundidade. Cabe a você prender a respiração e mergulhar o quanto quiser na justificação, e sempre terá uma chance de encontrar mais razões corroborantes lá embaixo. Consequentemente, no entanto, você precisará emergir para tomar ar e agir no mundo, e isso terá de ser feito quer tenha atingido as bases ou não.

A Filosofia Moral, portanto, envolve esse tipo de justificação, fundamental ou não, e ainda algo a mais. Esse algo a mais se torna mais claro quando pensamos em outra coisa que não seja justificar nossas próprias crenças. Pense em uma controvérsia moral.

Grande parte da objeção em questões morais consiste em apontar as inconsistências no pensamento do adversário. A moralidade, independentemente do que seja, insiste em um tipo de coerência humana. Suponhamos que duas pessoas estejam conversando sobre pena de morte e aborto. Uma é a favor da pena de morte e pró-vida, a outra é contra a pena de morte e pró-escolha. Ouviríamos de início: "Como você pode ser pró-vida, mas contra a pena de morte? Por que é válido matar crianças, mas errado matar assassinos?". O argumento é satisfatório precisamente porque há uma inconsistência bastante evidente na sustentação da ideia de que matar bebês é aceitável e a afirmação de que matar assassinos é errado. Se ambas as ações são tipos de assassinato, e se um tipo de assassínio é errado, a coerência não requer que o outro tipo também seja errado?

A resposta seria quase imediata, e talvez fosse a tentativa de aliviar a incoerência com um discurso sobre o que constitui uma pessoa —a linha de argumentação, provavelmente, seria que um feto, pelo menos nos primeiros estágios, não é uma pessoa, mas um assassino sim. Pode-se dizer que matar é errado, e enquanto a pena de morte é um tipo de assassinato, o aborto não o é. Não há ninguém lá para ser assassinado —não há uma pessoa, somente células.

O argumento pode continuar. A pessoa que é pró-escolha e contra a pena de morte poderia dar um contra-argumento baseado em outra inconsistência. "Faz algum sentido pensar que matar, tirar uma vida, é tão terrível que tirar uma vida é a única solução possível? Onde está a coerência?". Essas linhas apontam outra grande e nítida incoerência em uma possível justificação da pena de morte: assassinos devem ser mortos porque tirar uma vida é errado. Mesmo assim, se tirar uma vida é errado e a pena de morte é tirar uma vida, então a pena de morte também é errado, não?

Mais uma vez, você poderia ouvir uma resposta, e dessa vez ela poderia ser a tentativa de aliviar a incoerência com um discurso sobre o merecimento. Alguns assassinatos são permissíveis se forem merecidos. As vítimas de um assassino não mereciam suas mortes, mas um assassino certamente merece a sua. Talvez o discurso seja fortalecido com outras afirmações sobre justiça e punição.

Você já ouviu ou já se envolveu em debates como esse. Perceba que as linhas de argumentação desenvolvidas acima envolvem, em grande escala, divergências morais, e não factuais. As discussões dizem respeito a princípios e suas aplicações, em oposição a questões de fato. Às vezes, há uma sobreposição, e o que parece uma controvérsia moral pode ser esclarecida apontando-se para os fatos. Se eu estiver prestes a apertar um botão para demolir um bloco de apartamentos e alguém correr para me deter, chamando-me de monstro por destruir lares e matar pessoas, talvez eu possa mostrar que a pessoa interpretou errado os fatos. Talvez ninguém more mais nos prédios. Dados os fatos, não há nenhuma questão moral.

No entanto, às vezes, apontar os fatos é a coisa errada a fazer, porque a discordância é realmente moral. Suponhamos que eu diga que devemos ir para a guerra —um país próximo incorporou injustamente um país vizinho e devemos prestar ajuda à nação injustiçada. Você pode discordar, mas se a razão que me der for factual, digamos que a guerra seria muito cara, eu poderia ter o direito de continuar impassível. Às vezes, a moralidade ultrapassa os fatos, e às vezes os fatos são simplesmente irrelevantes.

A partir desses exemplos, é provável que você já tenha percebido a importância da coerência no pensamento sobre o certo e o errado. A coerência, concebida de modo geral, não é peculiar à Filosofia Moral; ela é fundamental para a prática da própria Filosofia. Podemos interpretá-la como uma coerência lógica ou como a tentativa deliberada de evitar contradições. Certamente, ela está relacionada com a ação de evitar contradições nas razões que damos: as justificações. A Filosofia Moral, como qualquer Filosofia, depende da coerência nesse sentido, mas também requer algo mais específico, ou seja, a coerência de princípios. Se eu penso que tenho certos deveres ou obrigações para com alguém em um determinado conjunto de circunstâncias, então, em condições normais, a coerência requer que eu tenha exatamente os mesmos deveres e obrigações para com outras pessoas em circunstâncias semelhantes. Se eu achar que mereço um tratamento de determinado tipo, então os outros na minha situação também o merecerão.

A moralidade é permeada por exigências desse tipo de coerência, e talvez ela simplesmente esteja embutida no pensamento moral propriamente dito. É por isso que "Todos os homens são iguais" parece verdade, mas "Todos os animais são iguais, mas alguns são mais iguais que outros", não. Um breve exame em duas das teorias mais dominantes na história recente da Filosofia pode nos ajudar a sustentar a argumentação e, de maneira indireta, a compreender um pouco mais da natureza da própria Filosofia Moral. Voltaremos a falar sobre isso no momento oportuno.

Coerência, teorias morais, intuições

O utilitarismo é a visão de que a correção e a incorreção de um ato dependem simplesmente de suas consequências, e, em leituras mais modernas, essas consequências são sopesadas em termos de felicidade humana. O primeiro defensor substancial dessa visão provavelmente foi Bentham. Ele é, certamente, lembrado como um dos primeiros filósofos que colocaram a racionalidade no centro da moralidade e da legislação, em oposição ao simples preconceito ou ao apelo ao divino. Isso foi feito com um único princípio: o princípio da utilidade ou princípio da maior felicidade.

Ele expressa claramente o que quer dizer com isso: o princípio da maior felicidade "aprova ou desaprova toda e qualquer ação de acordo com sua aparente tendência de engrandecer ou diminuir a felicidade da parte cujo interesse está em questão".[1] O princípio e a concepção de felicidade da qual ele depende são baseados em um fato particular sobre a natureza humana. Bentham argumenta que os seres humanos são governados por dois mestres: prazer e dor. Aumentar a felicidade de um indivíduo é nada mais que aumentar em sua vida o equilíbrio do prazer sobre a dor. Aumentar a felicidade de uma sociedade, portanto, é uma questão de aumentar o equilíbrio geral do prazer sobre a dor para todos. Disso a moralidade poderá ser facilmente depreendida. Qualquer ação que esteja em conformidade com o princípio da utilidade, que fortaleça o equilíbrio geral do prazer sobre a dor deve ser feita: ela é moralmente correta.

Para nossos propósitos, devemos salientar nessa visão a insistência de Bentham na coerência: a dor e o prazer de todo mundo têm a mesma importância. Se você quer saber se sua ação é certa ou errada, não basta se preocupar apenas com seu prazer ou com o prazer que teriam seus amigos e sua família. De maneira

---

1. Jeremy Bentham (1996), *Introduction to the Principles of Morals and Legislation*.

oposta, não basta ignorar a dor das pessoas que não importam muito para você. Se o prazer e a dor realmente contam, o prazer e a dor de todos devem contar da mesma forma.

Uma segunda teoria moral, que recebe pelo menos tanta crítica quanto o utilitarismo, é a concepção de Kant sobre o certo e o errado. Para Kant, fazer o certo não tem nada a ver com as consequências da ação, parcialmente porque há uma boa chance de as consequências estarem além do controle do agente. Kant pensava que a moralidade é uma questão de dever em oposição a algo instrumental, por isso, as consequências não devem fazer parte das nossas reflexões de forma direta. Fazemos o que é certo porque é certo, não porque temos algo em retorno pela ação. Portanto, argumenta Kant, a moralidade não pode ser de natureza hipotética, não pode ser "Se você quer isso e aquilo, faça isso e aquilo". Em vez disso, seus ditames devem ser categóricos, na forma "Faça isso" ou "Não faça aquilo". Kant propõe a seguinte formulação do famoso "imperativo categórico", a base da moral kantiana: "Aja somente de acordo com aquela máxima pela qual você possa querer, ao mesmo tempo, que ela se torne uma lei universal".

Um exemplo do próprio Kant pode ilustrar um pouco a questão. Suponhamos que o aluguel venceu e você não tem dinheiro. Você pede um empréstimo para um amigo e ele concorda, desde que você pague de volta na próxima semana. Você sabe que não há a menor possibilidade de conseguir o dinheiro a tempo, talvez nunca consiga pagá-lo, mas você pensa em fazer uma falsa promessa de qualquer jeito.

Kant argumenta que as ações são empreendidas sob máximas ou regras, e a regra que você pondera é a seguinte: "Quando eu achar que preciso de dinheiro, pedirei emprestado e prometerei pagar, embora eu saiba que nunca conseguirei". O que interessa para nossos propósitos é que o teste de Kant para essas máximas é a universalidade. Se quiser saber se o que está ponderando é certo ou errado, imagine sua máxima se tornando uma lei universal da natureza, adotada automaticamente por todos. O sistema produzido dessa maneira seria coerente ou autocontraditório?

Se o mundo resultante for coerente, você não corre perigo de fazer algo errado, mas se esse mundo de alguma forma entrar em colapso, você estará violando a lei moral. Pense desta maneira: se todo mundo fizesse falsas promessas, a própria promessa seria impossível. Você acreditaria em uma promessa? A máxima que você estava considerando resulta em uma autocontradição —o próprio ato de fazer uma promessa destrói a si próprio— e, portanto, não está em conformidade com o imperativo categórico. Sendo assim, você não a deve fazer. Para Kant, tudo depende da possibilidade da aplicação coerente dos princípios morais.

Antes que você chegue à conclusão de que a Filosofia Moral não passa de uma aplicação coerente de um ou outro princípio elevado, vale notar que há outras concepções de moralidade. Não se trata somente de Bentham e Kant. Vale a pena, também, refletir um pouco sobre o papel da emoção e da intuição no pensamento moral. Ambas carregam muitas histórias.

O que quer que esteja acontecendo quando tentamos formular as justificações para nossas crenças morais, entrar em uma divergência moral ou nos envolvermos em uma teorização moral completa, as emoções exercem algum tipo de função. Hume afirma que a simpatia, nossa capacidade de compartilhar de alguma maneira da felicidade ou da miséria dos outros, move a todos nós. Enquanto a razão pode nos ajudar a compreender os fatos da questão, ou as consequências de nossas ações, por exemplo, o sentimento é o que acaba nos levando às conclusões sobre o certo e o errado. A razão pode guiar nossas ações, mas somente os sentimentos são capazes de nos estimular a agir de uma forma em vez de outra. Em última análise, só a emoção pode nos levar a julgar que uma pessoa está certa ou errada ou a executar uma ação porque ela é certa. Voltaremos a falar de Hume quando tratarmos de uma determinada característica dos problemas associados à mudança climática, mas por ora podemos ficar apenas com a ideia de que as emoções podem aparecer, e aparecem, na reflexão moral.

As instituições não são menos importantes, mas mais difíceis de serem identificadas. Alguns filósofos aspiram a algo atraente demais nessa conexão, algo muito bom para ser verdade, a saber, uma faculdade em nós que podemos usar para intuir ou simplesmente "ver" as verdades morais. Afirma-se que a intuição moral pode nos dizer se uma ação é certa ou errada da mesma maneira que a visão pode nos dizer se um par de sapatos de camurça é azul. Mas você não precisa se envolver nessa bagunça para falar sensivelmente sobre as intuições morais. Pode pensar nelas como respostas ou reações aos fatos, de todo modo, algo menos formidável que uma faculdade. As intuições morais, nesse sentido, são praticamente características indispensáveis da reflexão sobre a Filosofia Moral.

Os filósofos fazem experimentos mentais, e os filósofos morais não são exceção. Considere um experimento mental como um tipo de tubo de ensaio filosófico. Assim como um tubo de ensaio verdadeiro permite que um químico mantenha o resto do mundo separado do que o interessa, um experimento mental pode nos forçar a fixar nossa atenção em um princípio ou conceito específico, ou algo do gênero. Com um tubo de ensaio real, você pode fazer experimentos com o que lhe interessa e nada mais. Com um experimento mental, você pode afastar por completo as perturbações e considerar apenas o que for mais importante. As intuições ou respostas que você tem para os experimentos mentais podem dizer algo sobre como os conceitos se encaixam com o que você realmente pensa sobre uma coisa ou outra. Um experimento mental pode impor coerência em você. Vamos considerar alguns desses experimentos neste livro.

Ética ambiental

Há um último tipo de coerência que é oportuno analisarmos agora, uma coerência que forma a base de pelo menos algumas versões da Ética ambiental. Grande parte da teoria ética, como vimos, depende de uma preocupação com os outros. Se lhe ocorreu perguntar por que as outras pessoas devem ter tanta importância, há muitas respostas disponíveis. Tente apenas algumas: provocar a dor é errado; tratar as pessoas como o meio para um fim é errado; ignorar os interesses dos outros é errado. Todos esses pensamentos aparecem regularmente na reflexão moral. Mas, para quase todas as respostas que você escolher, a coerência pode exigir que sua ética seja aplicada também aos animais.

Muitas e muitas criaturas sentem dor, e se é errado provocar a dor, deve ser errado provocá-la a essas criaturas da mesma maneira. Se para mim é errado tratar meus amigos como meios para meus objetivos —se eu não devo usar os outros para obter o que quero—, deve ser errado tratar os animais que me cercam simplesmente como meios, digamos, como meios para um novo casaco de pele. Se dissermos, acertadamente, que os interesses, desejos e objetivos das outras pessoas devem fazer parte de nosso pensamento moral, e se os animais têm interesses, então também deveremos pensar nesses interesses. Os animais podem não ser capazes de expressar seus interesses em palavras, mas as criaturas que nos cercam estão sempre preparadas para fazer algo —elas caçam, escondem-se, acasalam, constroem ninhos, parem, e assim por diante. Eles têm interesses, em certo sentido, um sentido não tão distante do que quero expressar quando digo que tenho interesses. Por que os meus interesses devem ser levados em conta e os deles não?

O resultado é que, grosso modo, encontrar uma diferença moral entre o que são exatamente animais diferentes, nós e eles, não é fácil. Alguns diriam até que não é possível. Se você tem algumas diferenças em mente —algo referente à importância de sua humanidade, seu potencial racional ou sua capacidade de valorizar algumas coisas e não outras—, tenha cuidado para não incorrer em uma petição de princípio, pressupondo o que já está em questão. É possível que a diferença que você tenha estabelecido seja de fato a expressão de um preconceito de espécie, um pouco de chauvinismo humano, ou assim me parece. Por que suas capacidades racionais fazem uma diferença moral, valem mais que as propriedades peculiares a qualquer outro animal que você viesse a mencionar?

Nem todo teorizar da Ética ambiental usa as ideias acima. Na verdade, é provável que essa forma de colocar as coisas já esteja quase anacrônica, mas ela serve para nos fazer pensar nos termos dos valores ambientais. Grande parte da Ética ambiental consiste em estabelecer esses limites, pois essa ciência está amplamente envolvida com o ato de expandir nosso conceito de valor, ou, pelo menos, do número de coisas que valorizamos. Alguns ambientalistas sustentam esse ponto enfatizando o fato de que a esfera moral veio se expandindo durante um tempo. As pessoas que não tinham terras, escravos, mulheres, estrangeiros, doentes mentais, portadores de necessidades especiais e outros estiveram fora do círculo moral, e, à medida que fomos compreendendo melhor a natureza do certo e do errado, redesenhamos esse círculo para abranger cada vez mais gente. Essa linha de raciocínio nos leva à conclusão de que os animais também devem ser incluídos, isto é, trazidos para dentro da comunidade moral.

No entanto, muitos filósofos dessa área contestam os argumentos de coerência esboçados acima e defendem que a mera semelhança com os seres humanos não pode ser a base para uma Ética ambiental pura. As conexões podem nos levar adiante, mas sempre vamos parar num lugar inteiramente diferente. O que precisamos é de um novo conceito de valor, algo que se afaste do velho quadro de referência humano, talvez o deixe para trás. O velho quadro tem como parte de sua estrutura a visão de que os seres humanos são a medida das coisas —de certa forma, conferimos valor ao mundo.

Esse tipo de valor se apresenta de duas formas: intrínseco e instrumental, e os dois estão relacionados a nós. Algumas coisas no mundo são de valor instrumental, o que equivale a dizer que são boas como meios, como bons instrumentos. Elas nos servem bem em nossos esforços para garantir alguma outra coisa que realmente queremos. Outras coisas têm valor intrínseco, um valor que encontramos nos objetos ou nas coisas em si. Nessa visão, os seres humanos conferem valor ao mundo, seja valorizando algumas coisas como meios para nossos fins ou julgando que outras coisas são valiosas apenas em si mesmas. Um sanduíche de presunto seria instrumentalmente valioso ao assegurar algo além do valor, ou seja, o prazer da fome saciada. Um concerto de Bach teria valor em si mesmo. Certamente, a vida humana tem valor intrínseco.

Talvez você tenha notado que demos um exemplo capcioso: um sanduíche de presunto é feito de um animal. Os animais em particular, e a natureza em geral, acabam quase sempre como instrumentalmente valiosos de acordo com essa linha de raciocínio, e essa linha é antiga. Podemos vê-la já em Aristóteles: "A natureza fez todas as coisas especificamente em prol do homem".[2] Muitas religiões afirmam que Deus ou alguma outra coisa nos criou primeiro, depois os animais e o resto do mundo para nós, para nosso deleite. Alguns pensadores tentaram buscar o valor intrínseco na natureza chamando a atenção para a beleza do pôr do sol ou a grandiosidade de uma tempestade. Mesmo que a natureza seja creditada com esse tipo de valor intrínseco, ela ainda nos é concedida.

É difícil derrubar essa antiga visão. Até mesmo na modernidade, os filósofos se prenderam a ela. Descartes parece ter pensado que os animais não tinham alma, ou, pelo menos, o que chamamos de "espírito", incapazes de sentir prazer ou dor, principalmente porque não podem falar. Eles eram mecanismos, autômatos. O próprio Kant parece tropeçar, argumentando que a crueldade animal é errada não porque os animais sejam mais que instrumentalmente valiosos, mas porque atacar fisicamente seu cavalo pode lhe conferir um caráter insensível e torná-lo mais propenso a atacar uma pessoa.

A Ética ambiental só começou realmente entre as décadas de 1960 e 1970, e embora ela sempre tenha se preocupado com as interações entre os seres

---

2. Aristóteles (1996), *Politics,* Livro 1, Capítulo 8.

humanos e o ambiente, para alguns seu principal objetivo seria ultrapassar os limites das avaliações antropocêntricas, libertar-se das antigas visões. As tentativas de consumar esse objetivo deram-se de duas formas. Primeiro: os filósofos tentaram estender os valores humanos — por exemplo, o utilitarismo ou o pensamento kantiano, ou os ditados da ética das virtudes— a outras criaturas.[3] Por exemplo, o sujeito pode propor a ideia de que os animais têm uma vida interna e concluir que suas dores devem surgir nos nossos esforços de maximizar o prazer e minimizar a dor. Segundo: de forma mais radical, houve um chamado aos novos valores ou à valorização de coisas novas, coisas que fossem um acréscimo a nós ou diferente de nós.

Alguns defendem o biocentrismo, visão de que cada coisa viva tem um bem em si mesma, e que a obtenção de tais bens tem valor intrínseco.[4] O individualismo desse tipo de pensamento, alguns se apressam em salientar, é outro vestígio de uma ética humanista e obsoleta. Ao contrário, espécies inteiras, talvez a própria biosfera, até mesmo o planeta como um todo, devem ser considerados como o centro de valor.[5] Note-se que essa ideia vai além, ou, pelo menos, é diferente da afirmação de que tais coisas devem nos ser importantes instrumentalmente. Talvez ela ainda vá além da afirmação de que coisas desse tipo deveriam nos importar de outras maneiras habituais. Deveríamos ter a esperança de sair da equiparação, de certo modo, talvez nos deslocarmos para um tipo de valorização mais objetivo, não humano.

Para alguns, esses pensamentos radicais e finalistas são demais. É difícil suportar, mesmo para aqueles que simpatizam com as afirmações gerais de muitas concepções do ambientalismo. A dificuldade pode ficar um pouco mais clara se pensarmos nos tipos de perguntas que fazemos quando questionamos a conexão entre preocupações ambientais e valores humanos. Como aponta Williams, uma coisa é perguntar que tipo de questões são essas, e outra é perguntar que valores deveriam fazer parte das respostas.[6] As questões, obviamente, são questões humanas, questões nossas. As respostas terão de ser humanas também. E apenas nós mesmos podemos respondê-las. Na verdade, as respostas devem fazer algum sentido para nós, e isso significa que, no mínimo,

---

3. Para uma declaração da visão utilitarista, ver Peter Singer (1993), *Practical Ethics*, Cambridge: Cambridge University Press, e para a visão da ética das virtudes, ver John Hacker-Wright (2007), "Moral Status in Virtue Ethics" *Philosophy* 82. Para a visão kantiana, ver Tom Regan (1983), *The Case for Animal Rights*, Londres: Routledge and Kegan Paul. Para uma excelente visão geral e uma explicação convincente do domínio do consequencialismo na Ética Ambiental, ver Robin Attfield (2003), *Environmental Ethics*, Cambridge: Polity Press.
4. Paul Taylor (1986), *Respect for Nature*, Princeton: Princeton University Press.
5. Para as origens dessas ideias, ver Aldo Leopold (1949), *A Sand county Almanac*, Oxford: Oxford University Press; para trabalhos recentes, ver, por exemplo, Holmes Rolston III (1994), "Value in Nature and the Nature of Value", em Robin Attfield (1994), *Philosophy and the Natural Environment*, Cambridge: Cambridge University Press.
6. Bernar Williams, "Must a concern for the environment be centred on human beings?", em Lori Gruen e Dale Jamieson (orgs.), *Reflecting on Nature*, Oxford: Oxford University Press, 1994.

têm de estar conectadas de algum jeito aos valores humanos, valores que são parte de nossas vidas, parte de como nos compreendemos, parte do que guia nossas melhores ações. Isso não equivale a dizer que as respostas representarão somente os interesses humanos. No entanto, ao pensarmos nisso como algo promissor, deparamo-nos com uma questão problemática: como podemos valorizar algo que está fora dos nossos interesses?

Obviamente, eu posso valorizar algo que não meus próprios interesses —às vezes, a moralidade exige isso. Mas a questão é se posso ou não valorizar algo que não sejam os próprios interesses humanos, ou que não faça parte deles. Será que podemos extravasar tanto dessa maneira? Haverá um limite para isso? Há uma perspectiva humana, e é sabido que não podemos distanciar muito dela. Talvez haja alguns apelos a uma nova ética que simplesmente não podemos atender. Ou, porventura, só possamos visar atendê-los algum dia, talvez buscar nosso caminho para ela e esperar pela sabedoria. O ambientalismo radical pode parecer familiar até mesmo na mente do mais cético. Ele pode incitar a esperança. A conclusão da moralidade humana não pode simplesmente ser que somente os humanos importam.

Entender por que isso soa familiar, encontrar um modo de agir nessa esperança, compreender outros modos de importância, tudo isso vale a pena perseguir. Temos, aqui, questões incômodas e questões interessantes, mas proponho deixá-las para outra hora. A mudança climática provoca uma série de questões morais complicadas, e algumas delas são novas ou parecem novas. Os pensadores radicais que nos cercam dirão que, se quisermos lidar com essas questões, uma ética totalmente nova será necessária. Pode ser que novos valores sejam necessários; talvez achemos necessário reformular o círculo moral para incluir mais que animais; teríamos que repensar a ética e a natureza da valorização. Ou, provavelmente, seja necessário algo menor —talvez tenhamos somente que revirar os valores que já temos ou vê-los com novas luzes.

No entanto, há espaço bastante para todas essas ideias. Há espaço para reflexão sobre novos valores e para o que mais me interessa nisso tudo: questões sobre nós e os valores que já temos. Como veremos no próximo capítulo, até mesmo descobrir como lidar com desafios da mudança climática requer um novo pensamento, mas, talvez, possamos acabar de uma vez com a necessidade de valores totalmente novos. Alguns argumentarão que modos antigos de pensar nos colocaram nessa desordem. Não obstante, acredito que possamos chegar a algum lugar com a Filosofia Moral que temos.

Como vimos aqui, os valores que temos são amplamente construídos na coerência, mas que sozinha não é suficiente. E a história também não se resume somente aos princípios do tipo que temos examinado —o princípio da maior felicidade, o princípio kantiano da universalidade e princípios menores ligados à justiça e à inocência. Deixei muitos de fora, e algumas pessoas talvez afirmem que desconsiderei o que importa. Passamos nosso tempo examinando o que é chamado de "ética normativa", a tentativa de articular padrões ou regras com base nos quais julgar a correção ou incorreção da ação, mesmo para determinar o curso certo da ação. Quase ignoramos a metaética, o esforço de descobrir o significado de nossa linguagem normativa. A Filosofia, ou a Filosofia recente, de todo modo, tem muito a dizer sobre a metaética, mas esse não é nosso principal objetivo aqui. Outros tópicos amplos também foram deixados de lado.

Contudo, temos o suficiente para começar. Espero que agora você tenha uma ideia, se ainda não a tinha, de parte da Filosofia Moral que lida com a justificação, e também espero que pense melhor sobre a visão de que as justificações não são apenas possíveis, mas que importam. Sem elas, grande parte do que é ser humano simplesmente desvanece. Você deve ter entendido como a justificação de uma afirmação moral funciona. Talvez você também perceba por que agir de acordo com uma crença moralmente justificada também é importante. Por fim, é provável que você saiba o suficiente a respeito da ética ambientalista para entender onde esse livro se encaixa na história.

Sendo assim, começaremos exatamente de onde qualquer investigação moral prática tem que começar. Analisaremos a responsabilidade e a mudança climática.

❖

Capítulo 3

Responsabilidade

Nenhum floco de neve numa avalanche se sente responsável.
 Voltaire

Vejamos algumas situações bem claras. Suponhamos que eu entre em uma loja de antiguidades, deseje um vaso requintado e o roube. Apenas com essa informação, você poderia chegar à conclusão praticamente instantânea de que minha ação foi errada. Agora, suponha que eu entre na loja, comece a discutir com o dono e, para ofendê-lo, eu arrebente o vaso. Mais uma vez, é provável que você pense que o que fiz foi errado. Imagine, agora, que estou na mesma loja, só que dessa vez bastante bêbado; eu esbarro no vaso e o derrubo no chão. Há um erro em algum lugar — talvez a incorreção não esteja apenas no fato de derrubar o vaso, que nessa situação é claramente um acidente, mas sim esteja mais relacionada ao fato de eu ter me permitido ficar tão bêbado, em primeiro lugar. Suponha, agora, que eu roube o vaso, mas você descobre que o estou fazendo porque um colecionador de arte sequestrou minha tia mais velha, prometendo matá-la caso eu não entregue o vaso. Obviamente, o colecionador está errado, mas talvez você queira me deixar de fora nesse caso. Ou suponha que eu estraçalhe o vaso, mas você sabe que recebi notícias terríveis e estou um pouco fora de mim. Talvez eu tenha acabado de descobrir que o dono da loja espalhou boatos sobre mim, rumores que destruíram minha vida. E se eu recebesse uma pancada na cabeça assim que entrasse na loja, e então sofresse de algum tipo de dano cerebral que explicaria meu comportamento errático? A situação é menos clara nesses últimos exemplos, mas você sabe como começar a pensar sobre eles.
 Em todos esses casos, você sabe o que importa e o que não importa quando se trata da avaliação moral da ação. Se você não sabe de imediato quem agiu errado e por que, bem como o que deveria ser feito em relação a isso, sabe onde buscar um esclarecimento.
 Agora, veja esse exemplo. Suponhamos que milhões e milhões de pessoas usem eletricidade para aquecer e resfriar suas casas, assistir à televisão, ler à luz de luminárias durante a noite antes de dormir, tomar banho quente e preparar torradas de manhã. Todos vão para o trabalho. Uma vez por ano, eles viajam

de avião para a praia para uma folga merecida, e talvez a comida que se coma no bar à beira-mar tenha viajado uma distância muito maior que as pessoas, apesar de nunca terem ouvido falar no conceito de quilometragem dos alimentos (do inglês *food miles*).* Combustíveis fósseis são queimados para gerar a energia necessária para todas essas atividades. Isso emite gases-estufa na atmosfera, que contribuem para o aquecimento do planeta. O aquecimento eleva o nível do mar a milhas de distância dos televisores e dos chuveiros, muitos anos no futuro, talvez décadas ou centenas de anos adiante. O mar elevado torna insegura a água potável num vilarejo costeiro na China. Colheitas desaparecem, animais morrem e muitas pessoas que ainda não nasceram morrerão de fome.

O que importa e o que não importa na avaliação moral desse tipo de caso? Há danos, mas de quem é a culpa? O que deveria ser feito em relação a isso? As respostas não são óbvias, pelo menos não tão óbvias quanto o exemplo do vaso. O que diferencia os dois tipos de casos?

Jamieson argumenta que a parte do nosso sistema de valores que nos é insuficiente nessa conexão tem muito a ver com responsabilidade.[1] Estamos acostumados a pensar no individual, em danos locais e facilmente identificados, diante de nós tanto no tempo quanto no espaço. Para nós, é difícil não perceber o vaso quebrado ou o fato de que eu o quebrei de propósito. Sou responsável por nada mais, nada menos, que um vaso. Eu deveria ser considerado culpado e obrigado a compensar o dono da loja. Talvez eu devesse pagar um pouco mais para que me convencesse melhor de que destruir as lojas dos outros também é uma má ideia.

Tudo isso é muito simples, mas o problema da mudança climática, segundo Jamieson, é que nosso paradigma habitual entra em colapso sob o peso de certas complexidades. Nossos valores se desenvolveram em um mundo de baixa tecnologia e desconectado, mas um mundo de abundâncias. Hoje, atos cumulativos e aparentemente inocentes podem ter consequências sequer imaginadas por nossos ancestrais. Além disso, os efeitos das ações, bem como as próprias ações, estão espalhados no tempo e no espaço de modos confusos. Nas palavras de Jamieson, "ninguém planejou um mau resultado, produziu-o ou sequer era capaz de prevê-lo".[2] Não há nenhum vândalo parado, ali, na frente do vaso quebrado. A quem culpamos? Quem deveria ser obrigado a pagá-lo? Quando pensamos sobre o vaso, as respostas foram quase instantâneas; agora, é difícil até saber por onde começar. Podemos avançar um pouco e desvendar a própria complexidade.

---

* *Food miles*, ou quilometragem dos alimentos, é um conceito cunhado pelo ambientalista inglês Andrea Paxton. Trata-se da distância percorrida pelos alimentos a partir do local de produção até o consumidor final. É uma maneira simples de medir o impacto dos alimentos na mudança climática. (N. do T.)
1. Dale Jamieson (2002), "Ethics, public policy, and global warming", *Morality's Progress*, Clarendon Press: Oxford, pp. 291-2.
2. Ibid., p. 293.

Ação e complexidades espaciais e temporais

Está claro que a mudança climática envolve danos. Como vimos no primeiro capítulo, à medida que o planeta esquenta, os sistemas climáticos mudam. Os danos também não serão uniformes: alguns lugares se tornarão mais habitáveis, mas muitos outros enfrentarão novos extremos de tempo. O nível do mar vai subir, inundando casas e destruindo plantações. Em outros lugares, secas serão a ameaça. Doenças se espalharão para novas áreas. Haverá conflito. Muitas pessoas morrerão, serão expulsas ou sofrerão de outras formas. Espécies desaparecerão. Ecossistemas inteiros podem ser destruídos. Há danos colossais a nossa espreita. Se os danos são óbvios, quase todo o resto da dimensão ética da mudança climática é obscuro.

Gardiner identifica três aspectos da mudança climática que torna particularmente difícil a reflexão sobre ela.[3] A mudança climática tem características globais: as causas e os efeitos relevantes e os agentes por trás deles estão espacialmente dispersos em todo o globo. Há também aspectos intergeracionais: as causas e os efeitos relevantes e os agentes envolvidos estão temporalmente dispersos. Por fim, a reflexão sobre os problemas que acompanham a mudança climática é dificultada por nossa inépcia teórica, que, quando combinada com as características espaciais e temporais da mudança climática, podem levar a um tipo de corrupção moral. Vamos começar com o aspecto global da mudança climática e analisar isso tudo.

Considerada globalmente, a mudança climática é um problema espacial, com agentes e instituições, causas e efeitos contribuintes, todos espalhados pelo planeta. O que agrava o problema quando tentamos entender e, por conseguinte, fazer algo em relação à mudança climática é o fato de haver uma infinidade de diferentes pessoas, governos e empresas — todos fazendo uma infinidade de diferentes coisas em países diversos. Não há ninguém com o rosto vermelho perto do vaso quebrado. As ações feitas em um hemisfério têm efeitos do outro lado do mundo. O modo como a terra é usada aqui afeta as inundações do lado de lá. O combustível queimado lá muda um pouco os efeitos do El Niño, que gera uma seca em algum outro lugar. Nem preciso dizer que o clima é global.

Também há complicações temporais, e isso resulta no que Gardiner chama de aspectos "intergeracionais" do problema. As causas e os efeitos estão espalhados no tempo e no espaço. Entre outras coisas, isso significa que leva tempo para que nossas ações sejam traduzidas em efeitos visíveis no clima. No momento em que pudermos ver alguns desses efeitos — aumento no nível do mar, por exemplo —, a inércia do sistema climático será tanta que será tarde demais para fazer

---

3. Stephen Gardiner, "A perfect moral storm: climate change, intergenerational ethics, and the problem of corruption", *Environmental values* 15 (Agosto de 2006), 397-413. A explicação das características do problema dada por Gardiner é muito mais rica que a apresentada aqui.

alguma coisa. Pior que isso, do ponto de vista do debate com a dimensão moral da mudança climática, o próprio agir está espalhado no tempo. Há um sentido em que minhas ações e as do próximo se juntam com as ações dos meus pais, avós e bisavós, e os efeitos resultantes de nossas ações serão sentidos daqui a centenas ou milhares de anos.

Também é verdade que estamos, de certa maneira, presos no presente por causa do passado. As pequenas atitudes que tomo para me manter aquecido, seco e alimentado são o que são parcialmente por causa das escolhas feitas por pessoas que já morreram há muito tempo. Mesmo que eu não quisesse queimar combustíveis fósseis, estou integrado numa cultura estruturada para isso. A não ser que eu me mude para uma cabana isolada num lugar qualquer, darei a impressão de estar meio preso ao sistema quando se trata de satisfazer minhas necessidades mais básicas.

O fato de as ações e atitudes serem espalhadas no espaço e no tempo pode ser profundamente perturbador, pois, às vezes, a responsabilidade moral depende conceitualmente de outro tipo de responsabilidade: a responsabilidade causal. Quando sabemos que uma ação é errada, então tudo que precisamos para concluir que alguém foi responsável por algo errado é saber que alguém agiu. No entanto, as conexões causais que fortalecem a mudança climática são bizarras de muitas formas, e isso deixa toda a situação turva quando tentamos pensar sobre quem fez o quê. Não é claro, por exemplo, que qualquer ação específica minha seja causalmente responsável por qualquer dano futuro. Todas as pequenas coisas que faço hoje —atarraxar algumas lâmpadas, colocar as roupas na secadora, ouvir o noticiário antes de dormir— podem resultar em nada menos que uma quantidade desprezível de danos na atmosfera. É quase como se eu fosse conjuntamente responsável, com um milhão de pessoas, por um bilhão de pequenos atos em um trilhão de pequenos momentos. Cada ato não é nada em si mesmo, cada pessoa não comete nenhum erro evidente, mas juntos os resultados são catastróficos.

Tendo em vista todas essas questões, não é de se estranhar que um terceiro aspecto do problema, nossa inépcia teórica, torne as coisas ainda piores. Não somos muito bons em refletir sobre nosso futuro a longo prazo, os animais não humanos e a natureza, o valor das pessoas que podem nunca existir, as ações espalhadas no espaço e no tempo etc. Fomos capazes de cuidar das nossas coisas sem nos preocuparmos muito com isso, mas agora que tudo importa, não temos nem a sabedoria e nem a teoria para enfrentar a situação. É possível, conclui Gardiner, que nossa falha teórica leve a uma falha moral, um tipo de ilusão na qual nos concentramos em uma parte do problema e não nas outras. A complexidade pode ser uma desculpa —problemática— para não fazer absolutamente nada.

• • •

O dilema do prisioneiro e a tragédia dos bens comuns

Uma forma de tornar um pouco mais concretas as nossas falhas teóricas, bem como determinadas características do nosso pensamento sobre os aspectos espaciais e temporais do problema, é refletir sobre dois experimentos mentais e aplicá-los aos problemas suscitados pela mudança climática. O primeiro é o dilema do prisioneiro, e se apresenta de muitas maneiras. Quase todas evidenciam certa característica preocupante do indivíduo em oposição à racionalidade coletiva.[4]

Imagine que Bonnie e Clyde são presos por roubar um banco e colocados, pensativos, em celas separadas. Se condenados, passarão dez anos na prisão, mas a polícia, com falta de evidências, quer propor um acordo. Eles podem confessar, incriminar o outro prisioneiro e evitar problemas. Se um trai o outro e o outro fica quieto, o traidor fica livre e o outro receberá uma condenação de dez anos. Se houver traição mútua, ambos pegarão cinco anos. Se houver silêncio mútuo, no entanto, não haverá nada que a polícia possa fazer, e eles ficarão presos por apenas um mês por uma acusação menor qualquer. Eles não podem se comunicar; então, o que deveriam fazer?

Se tudo que importa para eles é o tempo de prisão, então, individualmente, ser um traidor é a coisa certa a fazer. Dessa forma, Clyde poderia pensar: "Se Bonnie ficar quieta, o melhor a fazer é traí-la, porque assim eu saio. Mas se Bonnie me denunciar, o melhor a fazer é denunciá-la, porque pelo menos, assim, eu pego cinco anos e não dez. De todo modo, a coisa certa a fazer é falar". As reflexões de Clyde são interessantes, quando não inquietantes, pois, ao passo que cooperar é a coisa coletivamente racional a fazer para os dois prisioneiros, a deserção e a traição são as coisas individualmente racional a fazer. Se todos cooperarem, pega-se o menor tempo. Se os indivíduos fazem o que é individualmente racional, no entanto, podem acabar destruindo o que é melhor para todos.

Vejamos, agora, um segundo exemplo, mais próximo de nós, chamado "tragédia dos bens comuns".[5] Suponhamos que em vez de uma cooperação clara e direta, estejamos pensando no uso de algum recurso limitado e comum. Imagine cinco vaqueiros, cada um com dez vacas excelentes pastando em uma terra cultivada em comum por todos. Se tudo o que importa para os eles é o valor de seus rebanhos individuais, então cada um fará o que puder para ter quantas vacas for possível. Suponhamos que o campo comum esteja em sua capacidade máxima de animais — ele só suporta adequadamente as cinquenta vacas saudáveis pastando felizes e ruminando no campo neste exato momento. Mesmo assim, a escolha individualmente racional de cada vaqueiro é aumentar o número de vacas no rebanho. Isso diminui o valor de todos os animais no pasto

---

4. Para começar, ver William Poundstone (1992), *Prisoner's Dilemma*, Nova York: Doubleday.
5. G. Hardin (1968), "The tragedy of the commons", *Science* 162, 1243-8.

—eles têm menos para comer e emagrecem—, mas o vaqueiro obtém o valor das vacas extras todo para si. Todos sofrem com o sobrepastoreio —cada uma das vacas agora vale menos—, mas somente o vaqueiro, considerado individualmente, se beneficia por ter um número maior de vacas. Em linhas gerais, a tragédia dos bens comuns diz respeito ao interesse individual de todos em explorar um recurso comum o quanto possível, em detrimento do interesse coletivo do grupo.

Vejamos um último exemplo, uma variação do dilema do prisioneiro.[6] Suponhamos que Bonnie e Clyde tenham desvendado os mistérios da viagem no tempo, e eles com sua gangue estão roubando bancos o tempo todo. Eles chamam a atenção da Patrulha do Tempo, que consegue prender todos em diferentes pontos da linha do tempo. Os policiais propõem o acordo de sempre; trair os outros ou ficar quieto, e o mesmo sistema de recompensas e penalidades é aplicado como outrora. Agora que os perturbadores saltos temporais cessaram e a ordem temporal foi restabelecida, os policiais começam a interrogar o Ladrão Um em 1950. Eles têm de esperar até 1970 para inquirir o Ladrão Dois. Bonnie espera o interrogatório em 2000; Clyde está em algum lugar em 2010 e assim por diante, até chegar o Ladrão Vinte em 3005. Os prisioneiros devem confessar ou ficar quietos?

Se o dilema usual do prisioneiro indica que é individualmente racional para um prisioneiro denunciar o outro, essa versão temporal apresenta um quadro levemente diferente. Se tudo o que importa é o tempo de prisão, é do interesse de cada um que está num momento anterior do tempo denunciar os que estão depois. Na verdade, os que estão antes não correm um perigo tão nítido quanto os que estão depois —eles podem estar mortos no momento em que um ladrão futuro tiver a chance de os delatar. Novamente, parece individualmente racional para os prisioneiros não cooperar uns com os outros, ainda que fosse melhor fazê-lo coletivamente (para quase todos).

Esses exemplos podem levar a diversas conclusões. Os aspectos dos problemas que acompanham a reflexão sobre a mudança climática parecem condizer com as duas versões do dilema do prisioneiro e a tragédia dos comuns. Os países que consideram obedecer aos termos de tratados como o de Kyoto estão em uma posição parecida de um prisioneiro que pensa sobre trair um companheiro anterior. Agir segundo seus próprios interesses, poluindo e se beneficiando do uso ilimitado de energia, é bem parecido com a coisa individualmente racional a fazer —principalmente se, até onde sabemos, essa for a atitude do outro. Explorar um recurso comum, como as propriedades de absorção de carbono do planeta, também pode parecer uma boa ideia. Todos compartilham da perda do recurso comum, mas apenas o poluidor desfruta dos benefícios de usar energia

---

6. Gardiner chama sua versão de "Problema Intergeracional Puro", e sua discussão é esclarecedora (Gardiner, 2006).

extra e jogar mais dióxido de carbono na atmosfera. E, melhor ainda, em vez de os outros vaqueiros contarem seu rebanho e conferirem a nós a responsabilidade pelo sofrimento de seus animais, as gerações futuras é que realmente vão pagar a conta. Como alguns ainda brincam de balanço e o resto ainda não nasceu, é improvável que haja objeção.

Na melhor das hipóteses, esses exemplos mostram que, às vezes, os interesses individuais e coletivos podem divergir radicalmente. Isso apenas estimula nossas reflexões sobre nosso papel na mudança climática, particularmente se tivermos em mente o fato de que fazer algo sobre as emissões de gases-estufa exigirá uma cooperação global sem precedentes. A cooperação intergeracional também será necessária —as gerações anteriores terão que arcar com as responsabilidades de benefícios que não aproveitarão. Os indivíduos, e podemos incluir aqui as empresas e também os países, parecem propensos a destruir a nós e a si mesmos ao perseguir seus próprios interesses. É certo que, no futuro, aqueles cujos interesses não são representados por ninguém que esteja vivo hoje têm grande chance de ser traídos por todos nós.

Mas, em algum lugar por aqui, existe um lampejo de luz. Você deve ter percebido que, para dar sentido aos exemplos, foram necessários alguns jogos de palavras. Tive que expor as duas versões do dilema do prisioneiro com a frase "se tudo que importa é o tempo de prisão". A tragédia dos comuns não seria tão trágica sem a especificação de que os vaqueiros só se importam com o valor real de seus rebanhos. Mas, também, há algo engraçado no contraste entre a racionalidade coletiva e individual. O discurso da racionalidade individual parece confinar meus pensamentos apenas àquilo que for totalmente melhor para mim, em oposição ao que é melhor para todos nós, ou, até mesmo, o que posso suportar sem muitos transtornos. Acredito que se colocarmos um prisioneiro numa sala, dermos a ele uma régua de cálculo, limitarmos seus pensamentos ao que é melhor para ele e assegurarmos que ele acredita que tudo o que importa é o tempo de prisão, teremos algo parecido com essa divergência. Mas não há uma chance de que o que é melhor para todos possa fazer parte das reflexões de um prisioneiro ou um vaqueiro? Existe honra, mesmo entre os ladrões? Clyde deveria ser tão egoísta? Ele não ama Bonnie?

Há uma ampla discussão entre alguns filósofos e economistas sobre os tipos de valores que deveriam importar aqui, um debate que apenas mencionarei e depois deixarei de lado por enquanto.[7] Parte da discordância tem a ver com a economia ser, ou não, o tipo certo de ferramenta para empregar o conjunto correto de valores para decidir algumas das questões mais substanciais que surgem do fato da mudança climática. Não restam dúvidas de que algumas questões estão susceptíveis à análise econômica, mas há uma dúvida considerável acerca de todas

---

7. Para as conclusões filosóficas do assunto, ver Brugg (1995), "Seeking fair weather: ethics and the international debate on climate change", *International Affairs* 71:3, e Janieson (2002). Falaremos sobre isso mais detalhadamente no próximo capítulo.

as questões de interesse terem respostas econômicas. Os filósofos concordam bastante e insistem que os valores morais podem superar —e superam— o discurso dos custos monetários, dos agentes racionais e da análise custo-benefício.

Usando um exemplo obviamente injusto e abominável, mas que dá o recado de forma rápida, alguns economistas tentaram calcular um pouco dos "impactos de não mercado" da mudança climática atribuindo um valor à vida humana em proporção ao produto interno bruto *per capita* nacional. Conseguimos respostas sólidas e objetivas para nossas questões por meio dessa atribuição, mas também precisamos pensar num cidadão chinês, que vale cerca de um décimo de um europeu. Abandonaremos esse problema e diremos apenas que a economia tem de ser importante, mas não pode ser importante sem uma consideração cuidadosa dos valores, que deve ser feita ainda mais contra a corrente que a análise econômica. Custos e benefícios e ação racional importam porque outras coisas têm mais importância. Essas outras coisas fazem parte do lampejo de luz que acabamos de mencionar.

Contudo, esse lampejo pode parecer um pouco fraco, principalmente se você franzir a testa e pensar sobre o verdadeiro comportamento humano. Pense na simples possibilidade da ação coletiva e colaborativa por parte dos governos e das empresas feitas para competir. Pense nas objeções das pessoas que falam compulsivamente sobre praticabilidade e soluções para o mundo real. Exemplos encorajadores de cooperação intergeracional em escala global entre os governos e indústrias não vêm à mente de imediato. Mas o que possibilita que essa cooperação seja iniciada, sob determinado ponto de vista, é exatamente o que me faz concluir que Clyde nunca seria um delator. O discurso da análise custo-benefício e do interesse próprio é muito criticado, mas as razões econômicas não são as únicas que se deve ter. Na verdade, não agimos apenas em nossos próprios interesses —ladrões podem ser pessoas confiáveis e vaqueiros podem fazer a coisa certa. No caso da mudança climática, pode ser útil se pensarmos um pouco sobre o que é fazer a coisa certa e, em particular, sobre quem deveria fazê-la.

No último capítulo, refletiremos sobre os deveres e responsabilidades individuais com respeito à mudança climática. Enquanto isso, estaremos concentrados nos Estados e em suas responsabilidades morais. Começaremos com a simples responsabilidade pela ação —se algo deve ser feito, quem deveria fazê-lo? Essa pergunta pode ser abordada tendo em mente as três dimensões temporais: passado, presente e futuro. A demanda moral pela ação por parte de alguns grupos pode surgir tendo em vista um comportamento passado, a atual distribuição de recursos ou as obrigações para com as futuras gerações. Nosso pensamento poderia conter mais fatores, mas já temos mais que suficiente para começar.

• • •

Princípios históricos de justiça

A literatura sobre a natureza da justiça é bastante ampla e remonta a Platão. Você ficará tão aliviado quanto eu ao saber que meu intuito não é reproduzi-la ou oferecer alguma teoria da justiça neste livro. Há uma abundância dessas teorias.[8] A justiça, como quer que seja caracterizada, aparece no discurso da punição e da distribuição de bens, bem como na ação compensatória e corretiva. A punição deveria ser considerada somente se ela se enquadrar ao crime, se uma pessoa genuinamente culpada tiver de pagar uma multa ou abdicar de uma parcela de liberdade proporcional ao dano que causou depois de fazer algo errado. A distribuição de água potável, um bem comum, deveria ser considerada somente se fosse distribuída igualmente para todos, ou talvez distribuída primeiro para os que mais necessitam. Se descobríssemos que uma quantidade a mais de água está indo para alguém que usufrui de uma parte secreta todos os dias, a justiça compensatória ou corretiva exigiria a devolução da água ou a retenção dessa quantidade durante algum tempo.

Em todos os casos, as concepções de justiça parecem ter algo em comum, e geralmente a base comum tem a ver com o modo como os bens, recursos, ônus, benefícios ou algo do gênero são divididos. Parece que a justiça consiste em compartilhar alguma coisa de maneira igualitária —quer seja um ônus ou um benefício—, a não ser que haja boas razões para o contrário, bons fundamentos que sejam divergentes dessa abordagem padrão. Os bons fundamentos deverão ser moralmente relevantes. Talvez pudéssemos tirar um pouco mais de água do poço comum quando não chover muito nos plantios. Sem uma parte adicional, nós e aqueles que dependem de nós teríamos uma chance de sofrer. Evitar esse sofrimento é moralmente relevante. Então, se todos os demais conseguirem lidar com isso, deveríamos ter um pouco mais. Se as reservas fossem limitadas e todos dependessem do poço, provavelmente não conseguiríamos mais água se pensássemos somente em encher a piscina.

As bases moralmente relevantes para um afastamento justo da igualdade, às vezes, podem ser históricas ou conservadoras. Assim como no exemplo anterior, a justiça corretiva ou compensatória requer que uma pessoa que roubou água no passado abra mão de uma parte dela, pelo menos até que a igualdade seja restabelecida. No entanto, de vez em quando, um afastamento da igualdade acontece por razões completamente diferentes. Deveria ser algo aceito por todos ou merecido de alguma forma. Imagine que você e seus companheiros de bordo recebam a mesma quantidade de rum toda noite. Se alguém concordar em trocar seu relógio por um gole de rum, a distribuição da bebida deixará de ser igual, mas um breve exame em sua história pode nos dizer que é justa. Você se afastou

---

8. Ver, por exemplo, John Rawls (1999), *A Theory of Justice*, Cambridge, MA: Harvard University Press e Brian Barry (1989), *Theories of Justice*, Berkeley: University of Berkeley Press.

da prática padrão de uma divisão igual para todos, mas fez isso por uma razão perfeitamente boa: todas as partes chegaram a um acordo mutuamente benéfico e consentiram com o afastamento.

Desse modo, as considerações históricas podem ser muito importantes para as conclusões a que chegamos: se a distribuição atual de benefícios ou ônus é justa. Além disso, as considerações históricas podem ser completamente opostas. A reflexão sobre o histórico de uma distribuição desigual pode levar à conclusão de que a distribuição é justa, seguramente se as considerações moralmente relevantes levarem à distribuição tal como aparece agora. Por outro lado, essa reflexão também pode levar à conclusão de que a distribuição é injusta, principalmente se nenhuma consideração relevante para a desigualdade for encontrada.

Se a distribuição de um recurso limitado não for justa, geralmente outra razão será apresentada rapidamente para defender a afirmação de que as pessoas que usufruem dos benefícios que não merecem têm a responsabilidade de fazer algo em relação à distribuição. Em particular, aqueles que se beneficiaram injustamente deveriam ter a responsabilidade moral de contribuir para a igualdade de distribuição. Possivelmente, a justiça corretiva exigiria que as pessoas que usufruíram de benefícios extras no passado arcassem com mais ônus.

Deixemos um pouco de lado o exemplo do rum e pensemos mais nos gases-estufa. Sabemos que os seres humanos bombardeiam gases-estufa na atmosfera, inevitavelmente, desde a Revolução Industrial. Se o planeta pudesse absorver tudo que despejamos no ar, seria difícil perceber como os tipos de questões sobre justiça que analisamos poderiam surgir com respeito à mudança climática. A justiça, vista dessa maneira, só importa quando lidamos com a distribuição de um recurso finito. Se tivéssemos tanto rum quanto pudéssemos beber, estaríamos diante de alguns problemas, é verdade, mas talvez não teríamos que nos preocupar demais em relação à distribuição igualitária de rum. No entanto, hoje sabemos que os sequestradores de carbono existentes são finitos: o planeta só pode absorver certa quantidade de nossas emissões, e o restante contribui com uma camada que aquece o globo. Também sabemos que já lançamos na atmosfera uma quantidade maior de gases que naturalmente puderam ser absorvidos sem aquecer o planeta.

Atualmente, muitos filósofos consideram os sequestradores de carbono ou as propriedades de absorção do planeta como um recurso comum e finito —algo bem parecido com o poço comum dos exemplos acima.[9] E assim como o poço, há um sentido em dizer que os sequestradores de carbono são um recurso necessário, pelo menos um recurso que importa mais do que se imagina. A maioria

---

9. O fato, por exemplo, de as árvores do meu país contarem ou não como parte do sequestrador de carbono comum, em oposição ao sequestrador de carbono do meu país, é uma questão considerável. Provavelmente os oceanos não contam como sequestradores de ninguém. Tudo isso é relevante —certamente para questões concernentes ao comércio de emissões—, mas, por ora, podemos ignorar a questão.

das pessoas depende dos combustíveis fósseis para atividades que vão além de apenas manter seus aparelhos de DVD em *standby*. Em virtude da forma como muitas de nossas sociedades são estabelecidas —em particular, os nossos métodos de produção de energia—, emitir carbono na atmosfera é parte fundamental para garantir comida, abrigo, calor e outras necessidades. Exaurir a parte que outras pessoas compartilham do sequestrador, de certo modo, é tão injusto e prejudicial quanto exaurir a água ou os recursos necessários para que construam uma casa ou produzam comida.

Além disso, está claro que temos nos afastado de uma distribuição em igualdade desse recurso limitado. Nem todos os países emitem a mesma quantidade de gases-estufa, nem usam a mesma parcela de sequestro. Prepare-se para os números. Os seres humanos lançam cerca de 26 gigatons (26 bilhões de toneladas cúbicas) de dióxido de carbono na atmosfera todo ano.[10] Os Estados Unidos são responsáveis por mais de 20% das emissões globais anuais, a China por aproximadamente 15% e a União Europeia por mais ou menos 14%. O próximo na escala é a Rússia, com um percentual bem menor: cerca de 5% das emissões globais. Mesmo se pensarmos em termos de emissões *per capita*, a distribuição não é igualitária de jeito nenhum. Em 2003, por exemplo, os Estados Unidos emitiram cerca de vinte toneladas de carbono *per capita*. A Rússia emitiu mais de dez toneladas. Países como Vietnã, Paquistão e Chade emitiram muito menos que uma tonelada *per capita*. Para alguns países, as emissões de gases-estufa sequer são mensuráveis.

Historicamente, a distribuição das emissões nunca foi idêntica. As emissões globais atuais refletem emissões cumulativas —as disparidades são semelhantes.[11] Os Estados Unidos encabeçam a lista, sendo responsáveis por quase 30% das emissões cumulativas de dióxido de carbono entre 1850 e 2002. A União Europeia em segundo lugar, responde por 26,5%; a Rússia em terceiro, com 8,1%; China em quarto, com 7,6%; dentro da União Europeia, só a Alemanha responde com 7,3%, e depois a Inglaterra, com 6,3%. A Organização das Nações Unidas para Agricultura e Alimentação classifica os países como desenvolvidos e em desenvolvimento. Seguindo essa categorização, então os países desenvolvidos são responsáveis por mais de 800 bilhões de toneladas de carbono emitidas desde 1900. O mundo em desenvolvimento, incluindo países grandes como China e Índia, contribuiu muito menos: apenas 213 bilhões de toneladas. Desde 1850, o mundo desenvolvido é responsável por um total de 76% das emissões de dióxido de carbono, enquanto o mundo em desenvolvimento contribuiu somente com 24%. Baseado na categorização feita pelo Banco Mundial dos

---

10. Para dados relacionados às emissões relativamente atuais, ver "Climate data: insights and observations", *Pew Centre Report*, 2004, disponível em www.pewclimate.org. Os números a seguir são do Centro de Análise das Informações sobre o Dióxido de Carbono (CDIAC), do Departamento de Energia dos Estados Unidos, para a Divisão Estatística das Nações Unidas, disponíveis em unstats.un.org.
11. Dados referentes às emissões cumulativas são do climate analysis Indcators Tool (CAIT) versão 3.0, Washington, DC: World Resources Institute, 2005, disponível em cait.wri.org.

países como de alta renda e baixa renda, os países de alta renda produziram 617 bilhões de toneladas de dióxido de carbono, enquanto os países de baixa renda são responsáveis por apenas 51 bilhões de toneladas. O restante foi emitido por países intermediários.

Por conseguinte, existem bases históricas moralmente relevantes para o uso vigente e desigual dos sequestradores de carbono do planeta? Deveríamos ser impelidos pela linha de raciocínio que diz que a estrutura atual é moralmente justificável? Decerto não houve nenhuma concordância relevante e mutuamente benéfica entre os países desenvolvidos e em desenvolvimento, como houve no exemplo dos companheiros de bordo. Mas deve haver outros fundamentos para pensarmos que determinadas desigualdades são, não obstante, justificadas.

Singer considera dois argumentos para a afirmação de que uma distribuição desigual pode ser moralmente aceitável.[12] O exemplo é a propriedade privada ou instâncias em que algumas pessoas se apoderam do que deveria ser mantido em comum. Há, pelo menos, uma tradição, graças a Locke, que conclui que uma distribuição desigual de um recurso comum pode ser melhor para todos os interessados que uma distribuição igual. Ele sugere que consideremos a situação do índio americano da época de Locke, cuja sociedade, diz, é estabelecida de tal forma que não há propriedade privada, não há domínio de terras, e por isso não há um cultivo organizado. Certamente, ninguém se apropriou aqui de um recurso comum —não há nenhum afastamento injusto da igualdade—, mas, repetindo, os índios americanos não têm muito no que se refere ao material, principalmente gêneros alimentícios, como assim sustenta Locke.

Considere, agora, a situação na Inglaterra da época de Locke. Lá, as propriedades coletivas foram apropriadas ao longo do tempo por latifundiários com grandes propriedades, e trabalhadores sem terra trabalhavam nelas. O recurso comum, a terra, foi tomado por indivíduos, e a distribuição não é igual de jeito nenhum, mas o trabalhador não tem motivo para reclamar. Até mesmo o índio americano mais abastado, sustenta Locke, tem menos comida, pior moradia e abrigos mais pobres que o trabalhador sem terra na Inglaterra. A estrutura inglesa não é igual, mas há um sentido no qual todos se beneficiam.

Singer afirma acertadamente que a base factual da comparação de Locke tem arestas mais que rudimentares, mas mesmo que tentemos nos afastar dela, a situação com o sequestrador de carbono do planeta é bem diferente do exemplo do uso de terras privadas. Locke parece argumentar que, independente dos fatos, a configuração atual garantiu que o homem inglês comum tivesse mais que o índio americano comum. Ainda que qualquer índio americano tivesse uma parcela igual de terra, ainda que uma parcela do que quer que seja estivesse sendo usada, haveria um uso restrito, precisamente, porque não há

---

12. Peter Singer (2004), "One Atmosphere", em seu livro *One World*, Londres: Yale University Press.

nenhuma propriedade privada conduzindo a produção. A distribuição desigual de terras na Inglaterra é superada por algo moralmente relevante: os trabalhadores e os proprietários na Inglaterra beneficiam-se todos da produtividade maior. A vida inglesa é razoavelmente melhor do que seria se um sistema de divisões iguais houvesse predominado.

No entanto, ressalta Singer, mesmo que todos se beneficiassem dos proprietários que exploram uma parcela maior de terra, nem todos se beneficiariam dos países desenvolvidos que usam uma parcela maior dos sequestradores de carbono. Em primeiro lugar, a maioria das pessoas nos países pobres não pode se dar ao luxo de obter o que é produzido pelas economias mais fortes das nações ricas. Pouquíssimas pessoas no Timor-Leste podem comprar um refrigerador novo, *top* de linha. Isso não impediu os países ricos de vender aos pobres coisas como medicamentos e máquinas agrícolas, um dos motivos pelos quais os países pobres acumularam dívidas enormes. Como coloca Shue, os pobres pagaram basicamente por todos os benefícios que chegaram até eles.[13] Além disso, os países em desenvolvimento são e serão prejudicados de todas as formas como resultado da emissão de gases-estufa dos países desenvolvidos. Talvez seja verdade que um trabalhador inglês tinha mais carne na mesa na época de Locke do que um índio americano. Na nossa época e nas épocas futuras, haverá menos carne e menos mesas para muita gente no mundo em desenvolvimento como resultado da emissão desigual de gases-estufa.

O segundo argumento que Singer considera é devido a Adam Smith. Smith argumenta que o rico tem algo como o direito à riqueza porque sua riqueza não priva o pobre de muita coisa e acaba dando a ele certos benefícios. O rico, na explicação de Smith, "só toma o que é mais precioso" e divide com o pobre os frutos "de todos os seus progressos". A famosa mão invisível de Smith garante que as necessidades sejam distribuídas mais ou menos como seriam se as coisas houvessem sido divididas igualmente. Os ricos não consomem muito mais que o pobre e, de todo modo, eles só tomam a parte mais preciosa, itens de que os pobres em geral não sentiriam falta de jeito nenhum. Além disso, ao buscar sua riqueza, o rico forma um mundo com muito mais bens dentro dele. Como Lock, Smith pensa que simplesmente dividir as coisas igualmente deixa a pessoa comum com menos do que teria se os ricos tomassem para si algumas coisas.

Novamente, a analogia fracassa quase que imediatamente. Se pensarmos nos sequestradores de carbono, não é válido dizer que os ricos usufruíram somente um pouco mais que os pobres. Na verdade, os ricos usaram muito mais das propriedades de absorção de carbono do planeta que os pobres — talvez de dez a quinze vezes mais. Há um sentido em afirmar que os pobres realmente foram privados de um recurso. Smith está correto ao dizer que tudo o que é mais

---

13. Henry Shue (2000), "Global environment and international inequality", *International Affairs*, 75.3, 535

precioso é tomado pelos ricos, mas não estamos falando de simples diamantes e ouro. De certa forma, o que tornou os países mais desenvolvidos foi a queima de combustíveis fósseis, o uso dos sequestradores de carbono —trata-se, em grande parte, da garantia do padrão de vida usufruído pelas pessoas dos países ricos. O recurso que ajudou o mundo desenvolvido a fazer isso está, hoje, efetivamente esgotado. Ao usar a atmosfera da forma que usamos, nós não só consumimos um pouco mais que os pobres. Tiramos deles um possível futuro, substituindo-o por algo muito pior.

Talvez isso seja suficiente para você, que deve estar pronto para concluir que a distribuição atual de benefícios e ônus associados ao uso dos sequestradores de carbono do planeta não é justa. Os países desenvolvidos ou de alta renda usaram e usam uma parte muito maior do que deveriam, e não há fundamentos moralmente relevantes para essa desigualdade. Além disso, os pobres já suportam alguns dos custos da mudança climática na forma de eventos climáticos extremos, aumento do nível do mar, falta de água e comida e saltos climáticos. Eles também perderam uma parcela do sequestrador, e, de certa forma, também perderam uma vida melhor. Tais ônus são impostos sobre eles sem que haja culpa ou escolha. Certamente, eles têm menos recursos, que deveriam ser usados para enfrentar a mudança climática. A situação é difícil para eles e branda para nós por causa de uma distribuição injusta de um recurso limitado. Talvez surjam mais argumentos, mas as defesas tradicionais da propriedade privada não são persuasivas nessa conexão. É difícil encontrar bases históricas para desculpar a distribuição atual de ônus e benefícios. A distribuição, portanto, é injusta.

Sendo assim, os países desenvolvidos têm a responsabilidade de fazer algo: primeiramente, deveríamos começar restabelecendo o equilíbrio reduzindo nossas emissões. Dada a disparidade atual entre as emissões dos países desenvolvidos e em desenvolvimento, é provável que a redução tenha de ser radical. Possivelmente, os desenvolvidos deveriam fazer algo em relação ao futuro desagradável que foi incutido no mundo em crescimento. Provar que deveríamos agir de outra maneira, e que poderíamos continuar usufruindo de uma parcela maior que a deles, é uma responsabilidade totalmente nossa.

Talvez você esteja prestes a concluir, também, que os países em desenvolvimento deveriam ter espaço para continuar crescendo. Por mais que os países desenvolvidos façam reduções em termos de metas ou alocações —e veremos tudo isso no capítulo 5—, é justo pensar que os países em desenvolvimento tenham uma parcela do sequestrador que possibilite o seu crescimento. Se descobrirmos que as alocações de emissões são altamente restritas, então será justo que os países em desenvolvimento tenham uma parcela maior que os países desenvolvidos. Se todos têm um lugar à mesa, todos dão uma mordida antes de voltarmos para a segunda e a terceira rodadas.

Talvez você chegue ao ponto de pensar que a justiça corretiva atribui outras exigências aos maiores usuários de combustível fóssil. Como vimos, se descobrimos que alguém tem usado uma quantidade de água maior do poço, a justiça compensatória ou corretiva exigirá que o sujeito devolva a água ou retire menos no futuro. Esse tipo de pensamento também poderia levar à conclusão de que os países desenvolvidos deveriam ter uma parcela menor de sequestrador que os países em desenvolvimento. Outros tipos de compensação seriam devidos da mesma maneira, particularmente se pensarmos um pouco no sofrimento que nosso histórico de uso combustível fóssil causou e ainda causará. O mundo desenvolvido deveria ser moralmente obrigado a pagar por alguns quebra-mares em Bangladesh, e muitos outros.

Se você ainda não está preparado para chegar a essas conclusões, outra consideração positiva irá impulsioná-lo nessa direção. Considere o princípio a seguir:

Há a ideia de que os poluidores deveriam pagar pelo custo de sua poluição. Esse pensamento tem um histórico que começou na década de 1970, quando alguns governantes europeus concluíram que as indústrias, e não os contribuintes, deveriam pagar pela limpeza de ocorrências como vazamentos de combustível e os tipos específicos de contaminação que costumavam acontecer por causa da mineração. O Princípio do Poluidor Pagador, como é chamado, foi incorporado à legislação de vários países, tanto como o pensamento que fundamenta pelo menos alguns acordos internacionais. A Declaração do Rio sobre Meio Ambiente e Desenvolvimento [ECO-92], por exemplo, afirma que: "As autoridades nacionais devem procurar promover a internalização dos custos ambientais e o uso de instrumentos econômicos, tendo em vista a abordagem segundo a qual o poluidor deve, em princípio, arcar com o custo da reparação."[14]

O princípio é interpretado de formas diferentes, porém, relacionadas. Suponha que refinar petróleo resulte em resíduos perigosos que requerem um tratamento cuidadoso. Alguns argumentam que os custos de manipulação dos detritos devem ser pagos totalmente pelos produtores do petróleo. Outros defendem que os usuários dos produtos do petróleo têm certa responsabilidade nessas questões, e por isso o preço de compra desses produtos deve incluir uma parte dos custos de limpeza. Outros encargos devem ser impostos pelo governo a uma empresa caso certas metas de redução de detritos não sejam atingidas. Talvez uma empresa tenha de constituir uma reserva financeira antes de ter permissão de perfurar para extrair petróleo, destinada ao tratamento dos resíduos. No entanto, independente de como dividimos os encargos, está claro que temos pelo menos algumas bases legais para refletir sobre a relação entre dano ambiental e responsabilidade.

O princípio é baseado em outra perspectiva; uma parte oculta de nossa perspectiva moral, provavelmente uma parte dos fundamentos mencionados no

---

14. UN (1992), "The Rio Declaration on Environment and Develoment" [Declaração do Rio sobre Meio Ambiente e Desenvolvimento], UN Document A/CONF. 151/26. (Versão em português disponível no site do Ministério do Meio ambiente: www.mma.gov.br).

capítulo anterior ou, no mínimo, um pensamento arraigado nas profundezas da moralidade. Isso tem muito a ver com um aspecto que examinamos há pouco: a conexão conceitual entre responsabilidade causal e moral. Esse princípio mais profundo está consagrado não só no Direito, mas nos cartazes afixados nas paredes de inúmeros antiquários: "quebrou, pagou".

Não seria preciso uma explicação —você sabe exatamente o que quero dizer com isso. A única questão real nessa conexão diz respeito à identificação de quem é causalmente responsável por nosso clima "quebrado". Em outras palavras, a questão é sobre quem tem responsabilidade causal pela maior parte das emissões de gases-estufa. A resposta, inegavelmente, é o mundo desenvolvido. Singer, talvez suspirando alto, conclui:

> *Colocando de forma que até uma criança entenderia, no que se refere à atmosfera, as nações desenvolvidas a quebraram. Se acharmos que as pessoas devem contribuir para consertar alguma coisa proporcionalmente à responsabilidade de destruí-la, então os países desenvolvidos deverão isso ao resto do mundo —resolver o problema da atmosfera.*[15]

Portanto, a reflexão sobre os princípios históricos resulta claramente na conclusão: o mundo desenvolvido tem a responsabilidade moral de agir em relação à mudança climática. Poderíamos abordar a questão como um problema da justiça distributiva. Os sequestradores de carbono de nosso meio ambiente são um recurso finito, compartilhado de maneira desigual. A justiça requer que restabeleçamos o equilíbrio. A questão da responsabilidade também poderia ser abordada em termos somente de responsabilidade causal. Mais uma vez, é difícil escapar da conclusão de que o mundo desenvolvido tem a responsabilidade moral de tomar uma atitude saneadora.

Capacidades e direitos atuais

Talvez tenha lhe ocorrido fazer algumas objeções à ideia de que a história atribui exigências morais ao mundo desenvolvido. Tais objeções podem ter alguma ligação com a intenção, o conhecimento ou até mesmo a própria história. As objeções talvez o levem a concluir que devemos desviar o olhar da história e nos concentrarmos em como as coisas são hoje. Começaremos com as objeções para depois refletirmos melhor sobre o peso moral das capacidades e direitos atuais.

O conceito de responsabilidade é como uma miscelânea de coisas boas e ruins, e nós o aplicamos em diferentes direções. Às vezes nos vem à mente

---

15. Singer (2004), pp. 33-4.

a responsabilidade causal, e quando isso acontece, estamos nos referindo a algo na medida em que é uma causa de outra coisa. A chuva, por exemplo, pode ser causalmente responsável pela umidade do jardim. Também falamos sobre responsabilidade legal e moral, e a chuva não tem nenhuma chance de ser considerada responsável em nenhum desses sentidos. A razão pela qual a chuva nunca é responsabilizada moralmente por algo tem muito a ver com o fato de que ela nunca sabe ou tem a intenção de nada.

Se você pensar que eu sou moralmente responsável por alguma ação passada, como uma mentira, então, na melhor das hipóteses, vai achar que eu sabia o que estava fazendo. Eu sabia a verdade, mas deliberadamente escolhi não a contar. Se você me confrontasse, poderia tentar me mostrar que eu tinha de saber que o que disse era falso e que havia algum motivo para eu esconder a verdade —talvez você encontrasse uma razão para a mentira e a usasse para desvelar minhas verdadeiras intenções. Eu poderia declarar minha inocência, afirmando que realmente achava que estava dizendo a verdade. Eu não estava mentindo de maneira nenhuma. Talvez eu encontre uma forma de convencê-lo de que acabei acreditando em uma falsidade e, inocentemente, a passei adiante. Talvez você se convencesse de que minha intenção não era enganar, de que eu não sabia a verdade, e concluísse que não sou moralmente responsável, em absoluto, por iludi-lo.

Seria possível defender a ideia de que os países desenvolvidos não sabiam sobre os efeitos dos gases-estufa? Seria possível defender a afirmação de que eles certamente não queriam provocar a mudança climática? Se o mundo desenvolvido não tinha a intenção de provocá-la, e não tinham conhecimento dela, então o discurso sobre os princípios históricos de justiça e responsabilidade da ação parece meio vazio. Talvez seja cedo demais para concluir que o mundo desenvolvido tem a responsabilidade de fazer alguma coisa.

Considere nosso primeiro conhecimento dos efeitos dos gases-estufa. Como vimos no capítulo 1, nossa compreensão das propriedades de absorção dos gases atmosféricos não depende exatamente de descobertas recentes. Mesmo assim, alguns filósofos e outros pensadores que se importam com o conhecimento e a responsabilidade nessa conexão, estabeleceram o ano de 1990 como aquele em que o mundo não poderia mais afirmar ser ignorante sobre os efeitos das emissões. Do mesmo modo, esse foi o ano em que o IPCC publicou seu primeiro relatório de avaliação. Em virtude das descobertas nele publicadas —dados que foram muito criticados—, é difícil perdoar os governos por não agirem com o pretexto da ignorância. Se esse tipo de informação é amplamente conhecido desde 1990, é difícil explicar nossas ações com base em intenções inocentes a partir daquela data. Assim, caso esse dado sirva para qualquer conclusão, as emissões de gases-estufa vêm crescendo, em qualquer proporção que você imaginar, desde 1990.

De todo modo, há certos casos legais nos quais não temos medo de responsabilizar alguém mesmo que haja lacunas em seu conhecimento. Muitos países diferem bastante na lei que divide o território —conceitos de responsabilidade indireta, responsabilidade objetiva, responsabilidade parcial, imputabilidade diminuída, homicídio doloso contra culposo etc. É possível pensar que uma analogia legal pudesse guiar nosso pensamento sobre a mudança climática. Qualquer que seja a analogia, há uma boa chance de terminarmos com a visão de que o mundo desenvolvido é responsável; talvez, em algum sentido, moralmente responsável pela mudança climática, seja ele ou não ignorante ou inocentemente intencionado.

Talvez não seja necessário nos aprofundarmos na lei para achar uma resposta a essas objeções. Suponha que você bata no meu carro e provoque algum tipo de dano. Não é minha culpa: eu estava legalmente estacionado no momento. Mesmo assim, você bateu de forma totalmente acidental —você não sabia nem deveria saber que acertaria meu carro, nem tinha nenhuma intenção de fazê-lo. Seria errado se você simplesmente fosse embora?

A questão não é se você estaria legalmente errado —provavelmente sim—, mas se estaria moralmente errado indo embora. Estou inclinado a pensar que você deveria parar, perguntar se está tudo bem e tentar me ajudar. Se meu carro precisar de reparos, acredito que você pagará alguma coisa. Talvez o mundo desenvolvido tenha mudado o clima de maneira totalmente acidental —ele não sabia, nem deveria saber que suas emissões eram prejudiciais, muito menos queria provocar danos. Não obstante, seria errado para o mundo desenvolvido simplesmente abandonar tudo, deixando todos em apuros? O mundo desenvolvido não deveria encostar no "meio-fio", certificar-se de que tudo está bem e pagar pelos danos causados, ou, pelo menos, grande parte deles? Ou uma parte? Obviamente, não queremos dizer que ele não deve nada a ninguém simplesmente porque não sabia dos danos, nem tinha a intenção de provocá-los.

Há mais uma objeção nessa área, mais uma razão para deixarmos de lado os fundamentos históricos para a responsabilidade concernente à mudança climática, e ela tem a ver com a difusão temporal que discutimos no capítulo 2. Contra a afirmação de que os países ricos deveriam tomar uma atitude, em razão de seu histórico como emissores de gases-estufa, seria possível que alguém discordasse dizendo que grande parte dos danos foi causada antes que a maioria dos habitantes dos países relevantes nascesse. Entretanto, poderíamos pensar que o fato de eu ser responsável pelas transgressões ecológicas do meu pai parece um pouco com o pecado original. Eu não agi assim, ele sim. Talvez eu seja responsável por minhas mínimas emissões, mas não pelas emissões históricas do meu país.

Para manter essa objeção em pé, tive que saltar do discurso de um governo e suas responsabilidades para o discurso dos indivíduos e suas responsabilidades.

Há muitos saltos em qualquer discussão da dimensão moral da mudança climática. Sabemos que é um erro assumir que as nações possam ter exatamente as mesmas propriedades que os indivíduos. Ainda assim, podemos falar —e falamos— sobre os desejos, as intenções e ações do Estado, mas de tempos em tempos precisamos estar bastante seguros de que não estamos caindo em algum tipo de erro ao falar e pensar dessa forma. Quando estamos falando apenas sobre as ações e responsabilidades dos Estados, é provável que não haja espaço para dizer que o Estado agora não é responsável por suas próprias ações há um ou dois mil anos. Não há nenhum pecado original.

Mesmo que reconheçamos algo de verdadeiro na afirmação de que é injusto responsabilizar os netos pelas ações dos avós, a objeção só faz sentido se assumimos que as ações dos avós não têm nada a ver com a vida dos netos. Se minha avó roubava carros no passado, seria errado eu me responsabilizar por isso. Não tenho absolutamente nada a ver com as ações dela, que não têm absolutamente nada a ver com o que faço da minha vida neste momento. Mas o caso da mudança climática é mais complexo que isso. Como argumenta Shue, os habitantes atuais do mundo desenvolvido são os beneficiários das atividades industriais de seus avós.[16] Não é verdade que as atividades passadas não têm nenhuma conexão com nossas vidas atuais. As coisas materiais, a educação, a assistência médica e, em geral, o padrão de vida que temos é amplamente ligado às atividades industriais dos nossos antepassados. Nós nos beneficiamos das emissões históricas, as mesmas que são parcial e causalmente responsáveis pela mudança climática. Os benefícios que usufruímos estão causalmente conectados ao sofrimeto dos outros, tanto agora quanto no futuro. Não seríamos, então, moralmente obrigados a fazer alguma coisa na questão da reparação?

Paro por aqui, mas devo deixar claro que essas réplicas podem ser desenvolvidas futuramente. Não deveríamos ser capazes de nos distanciar da história, mas suponhamos que, em nome do argumento, façamos isso de alguma forma. Algumas pessoas estão convencidas de que esse distanciamento é exatamente o que temos de fazer se tivermos a chance de persuadir os maiores poluidores a participar da mesa de negociação. Podemos chegar a qualquer conclusão concernente à responsabilidade moral de agir em relação à mudança climática, dadas somente as coisas como estão agora?

Já sabemos que as emissões atuais não são iguais. Há diferentes formas de pensar na desigualdade e o que fazer quanto a ela, mas se pensarmos que a justeza requer que um recurso finito e precioso seja distribuído igualmente, exceto se tivermos critérios moralmente relevantes para desconsiderar a igualdade, então, acabaremos com as mesmas conclusões que tivemos quando deixamos de levar

---

16. Henry Shue (2000), p. 536.

em conta a história em nossas emissões. Chegamos ao fim com a visão de que o mundo industrializado tem a responsabilidade de reduzir suas emissões.

Algumas pessoas simplesmente começam com a noção padrão de que todos no planeta têm o mesmo direito a uma parcela do sequestrador. Falaremos mais detalhadamente sobre isso no capítulo 5, mas, por ora, podemos pelo menos ressaltar que a argumentação para esses propósitos não precisa ser retrógrada nem progressista. O sujeito pode começar a refletir sobre a mudança climática ao perceber que alguns países atualmente queimam mais combustível fóssil e, que, por essa razão, usam mais dos recursos limitados de absorção que outros. Se pensarmos que todos têm direito a uma parcela igual do que está sendo usado —em igualdade de circunstâncias, por assim dizer—, então os países que usam mais são os que deverão agir imediatamente. São as nações ricas, nessa visão, que devem ter como objetivo a igualdade por meio da redução.

A questão pode ser fortalecida pela reflexão não só dos direitos de emissão, mas também das capacidades variadas das nações ricas e pobres. Essas capacidades podem ser encaradas de acordo com duas direções. Primeira: há um sentido em dizer que as nações mais ricas têm mais oportunidades de redução; segunda: há um sentido em afirmar que as nações mais ricas têm uma capacidade maior de pagar pela redução.

Considere a oportunidade de redução. Nem todas as emissões têm a mesma importância. Faria sentido pensar em algumas emissões como tendo um valor maior ou diferente de outras, mesmo que a quantidade de emissões seja a mesma. As emissões resultantes das atividades de um agricultor na África para alimentar sua família não se equiparam às emissões resultantes dos esforços de um dermatologista americano para passar um fim de semana apostando em Las Vegas. Há uma distinção significativa entre emissões de subsistência e emissões de luxo, ainda que seja muito difícil explicá-la.[17] Se ficar claro que deveria haver algum tipo de limite planetário nas emissões, então, poderíamos pensar que todo mundo deve ter direito de emitir o suficiente de gases-estufa para a sobrevivência. Talvez essas emissões não sejam negociáveis. Se as emissões de subsistência se incluem no limite planetário, e nós ainda temos reduções a fazer, é óbvio que os países desenvolvidos emitem muito mais que os países em desenvolvimento. Suponhamos que 50% das emissões das Ilhas Virgens americanas sejam emissões de luxo, e todas as emissões de Ruanda sejam de subsistência. Está claro quem tem o ensejo para a redução e quem não tem. Debater o ponto é tão bom quanto dizer que alguns ruandeses deveriam morrer para que alguns habitantes das Ilhas Virgens pudessem recarregar seus telefones celulares.

Consideremos as possibilidades de a redução ser paga. Temos aqui alguns argumentos: discussões sobre quanto custará a migração para a energia sustentável;

---

17. Ver Henry Shue (1993), "Subsistence emissions and luxury emissions", *Law and Policy*, 15.1, 39-59.

o que será economizado com o uso mais eficaz da energia; qual será o montante de um investimento maior em novas tecnologias; quanto custará para que a sociedade transfira sua força de trabalho de alguns setores para outro e assim por diante. Mas, também, há outros custos. Os filósofos e outras pessoas da área diferenciam custos associados com fazer algo sobre as emissões, os chamados "custos de atenuação", e as despesas associadas à luta com as mudanças do nosso clima, os chamados "custos de adaptação". Se ignorarmos a história e pensarmos somente nas capacidades atuais, poderemos defender a ideia de que os países mais ricos deveriam arcar com a maior parte das contas.

Shue defende a questão comparando taxas fixas com taxas progressivas. Suponhamos que três de nós tenhamos de contribuir com alguma causa comum. Eu tenho R$100,00, você tem R$10,00 e José tem R$1,00. Você argumenta a favor de algo que parece, à primeira vista, extremamente justo: uma taxa fixa de 10% para todo o grupo como nossa contribuição para a causa. Eu pago R$10, você paga R$1 e José R$0,10. Embora pareça justo, isso pode levar José à falência. Talvez o total da quantia com o qual começamos seja nossos salários anuais e, para sobrevivermos, precisamos de, no mínimo, um real por ano. Eu e você conseguimos confortavelmente o nível mínimo necessário para a subsistência, mas José não. O valor é baixo para mim, mas para José representa a vida ou a morte. Por mais que a taxa fixa pareça justa, o que pedimos de José é demais. Talvez devêssemos levar em consideração nossas capacidades variadas. Quanto maiores os recursos da parte, maior a taxa de contribuição.

Para Shue, o pensamento por trás dessa conclusão está incorporado no princípio de igualdade: "Entre uma quantidade qualquer de pessoas, sendo que todas elas devem contribuir para alguma causa comum, aquelas que tiverem maiores recursos, de modo geral, deveriam contribuir com uma quantidade maior para a iniciativa".[18] Suspeito que a ideia aqui vai ainda mais fundo que o discurso das contribuições e das iniciativas comuns. Ele tem a ver com um princípio moral que seria afirmado da seguinte forma: quanto melhor for a posição do indivíduo para fazer o que é certo, maior será o ônus para que faça o que é certo. Se você vir uma criança se afogando no Tietê, terá de dar alguma explicação se não fizer nada para salvá-la. Depois, terá de explicar ainda mais se não tentar salvá-la e se for um salva-vidas bem treinado e fisicamente capaz.

Essas reflexões podem fazer com que você chegue a uma conclusão nessa conexão. Os países ricos não só têm mais condições de reduzir as emissões e mais recursos para pagar pelas mudanças necessárias que os países pobres, como também têm muito mais que isso. Comparadas às desses países, pessoas que vivem em países ricos são formalmente educadas por muito tempo, as opções tecnológicas disponíveis são maiores, há melhor infraestrutura, suas capacidades de produção e armazenamento de alimentos são mais imponentes,

18. Shue (2000), p. 537.

o acesso à assistência médica é mais fácil, as casas são melhores etc. Resumindo, os países desenvolvidos têm muito mais recursos para lidar com a mudança climática. Atualmente, estão em melhor posição para agir em qualquer medida. Parafraseando Kant, algumas vezes, poder implica dever.

Sustentabilidade

A reflexão sobre a sustentabilidade pode ser feita de muitas maneiras. Aqui, daremos apenas uma.[19] Pense mais uma vez na visão da criança no Tietê. Não é preciso pensar demais para concluir que você deveria entrar na água e salvar a criança, mesmo que isso signifique alguns custos para você, como ter as roupas enlameadas. Você pode ter suas próprias razões para chegar a essa conclusão, e quaisquer que sejam elas, provavelmente não fará tanta diferença se a criança se afogando estiver exatamente a sua frente ou a milhares de quilômetros, na África. Sua proximidade com a criança correndo risco de morte parece irrelevante diante do fato de você dever ou não ajudar. Se você pensar que deveria entrar na água a algum custo para salvar uma criança que estivesse perto, ficará difícil de entender por que você deixaria de pelo menos assinar um cheque para a Oxfam [www.oxfam.org/development/brazil] como um esforço de salvar uma criança um pouco distante. Para nós, a questão é que a distância não faz nenhuma diferença moral no que você deveria fazer. As duas crianças importam, e você pode ajudar a ambas. O fato de uma estar a quilômetros de distância de você não é moralmente relevante.

Embora eu tenha certeza de que a distância não importa para a moralidade, também sei que nossas responsabilidades são muito mais complicadas do que exige a razão. Se a proximidade não faz nenhuma diferença moral, ela faz algum tipo de diferença. Trata-se de uma diferença que Weil ressalta e expressa muito bem:

> *Qualquer pessoa que nos cerca exerce determinado poder sobre nós pela simples presença; não se trata de um poder exercido somente por ela, ou seja, é o poder de deter, reprimir, modificar cada movimento esboçado pelo nosso corpo. Desviar de um transeunte na rua para lhe dar passagem não é a mesma coisa que desviar de uma placa.*[20]

---

19. A questão acerca da irrelevância da distância espacial é mais bem desenvolvida por Peter Singer em "Famine, affluence and morality", *Philosophy and Public Affairs*, 1972, 1.1, 229-43. Para uma análise detalhada das preocupações com o futuro, ver "Taking the future seriously", em Attfield (2003)

20. Simone Weil (1956), "The Iliad, or the power of Force", tradução para o inglês de Mary McCarthy, em *Pendle Hill Pamphlet* n. 91, Wallingford, PA: Pendle Hill Press. Ver David Wiggins (2006), *Ethics: Twelve Lectures on the Philosophy of Morality*, Cambridge, MA: Harvard University Press.

A proximidade importa de alguma forma. Ela importa quando andamos na rua, importa ainda mais quando passamos por aquela criança que se afoga. Ver alguém em apuros, bem diante dos nossos olhos, gera emoções fortes, mexe conosco de uma forma que não mexeria se apenas soubéssemos de um sofrimento distante ou o víssemos nos jornais. Mesmo se descobríssemos que esse estranho fato acontecesse conosco, ele ainda não mudaria a convicção de que a distância não importa quando se trata do que deveríamos fazer. Hume sabia que nossos instintos morais, que nos fazem continuar quando somos diretamente confrontados por uma ou outra atrocidade, se equiparam a um sentido de obrigação que surge da reflexão sobre o que deveríamos fazer em outros casos. Podemos ter esse senso de obrigação sem a reação moral instintiva, e talvez isso conte para diferenciar nossas reações à criança que se afoga e à que passa fome longe de nós. Mas, repetindo, a diferença não é moral: sabemos que deveríamos fazer algo nos dois casos.

Se a distância espacial não faz diferença moral, fica difícil perceber como a distância temporal poderia importar para o que devíamos fazer. Podemos pensar que a distância temporal traz consigo mais incógnitas que a espacial, e que, de alguma maneira, isso nos livra de termos deveres para com as próximas gerações. Não tenho tanta certeza. Podemos não saber os nomes das pessoas distantes na África a quem deveríamos ajudar; podemos não saber se nosso dinheiro ou comida chegará até lá; podemos até não saber muita coisa sobre os efeitos precisos de nossos esforços em ajudá-las; talvez não saibamos com exatidão o que querem ou do que mais precisam. Nada disso importa quando se trata do peso moral que nos impele a fazer alguma coisa por sua vida. Você pode concluir que, quando se trata do peso moral sobre nós, isso não importa para que façamos algo em relação à vida futura.[21]

Essa forma de encarar a sustentabilidade pode fazê-la parecer um pouco com caridade. No entanto, quando nos imaginamos entrando na água para salvar uma criança, o que pensamos não se parece em nada com caridade, mas sim com o que devíamos fazer: no mínimo, uma criança se afogando é uma consequência ruim e que deve ser evitada, ainda que a um custo considerável. Sentimo-nos da mesma maneira em relação à criança faminta na África e pensamos que o que estamos fazendo não é exatamente caridade, mas algo que depende de um tipo mais profundo de obrigação —não é um ato supererrogatório, mas um ato moralmente necessário. O mesmo é válido para os esforços de garantir a sustentabilidade futura.

---

21. Há questões interessantes associadas às obrigações para com as futuras gerações, mas as deixarei de lado por enquanto. Ver Derek Parfit (1983), "Energy and further future: the identity problem", em Douglas MacLean e Peter Brown (orgs.), *Energy and the Future*, Totowa, NJ: Rowman & Lettlefield. Para muito mais informações sobre o assunto, ver Tom Mulgan (2006), *Future People*, Oxford: Clarendon Press.

Houve recentemente uma reflexão considerável sobre a natureza da sustentabilidade, principalmente quando as preocupações referentes ao ambiente passaram a figurar em várias agendas. Não é difícil ver que o conceito depende da noção de que, quaisquer que sejam os recursos usados, o suficiente seja deixado não só para uso futuro, mas para o uso futuro indefinido ou perpétuo. Tem-se dito que o desenvolvimento ou a vida sustentável corresponde a viver do rendimento da terra, e não de seu capital, e certamente há alguma verdade nessa forma razoavelmente simples e direta de pensar. Provavelmente a formulação mais influente venha do Relatório Brundtland, da ONU: a sustentabilidade "implica a satisfação das necessidades presentes sem comprometer a capacidade das gerações futuras de suprir suas próprias necessidades".[22]

As motivações para comprometimentos com a sustentabilidade geralmente não dependem da discussão sobre a irrelevância da distância para a reflexão moral. Em vez disso, é comum surgir a afirmação de que os seres humanos de hoje não têm o direito de privar a futura geração disso ou daquilo, mas a discussão sobre direitos —principalmente os direitos das próximas gerações— pode nos meter em confusão. Além disso, fala-se de manejo florestal, que também não me convence, simplesmente porque tenho problemas em ver nossa chegada recente ao planeta como algo muito importante para as perspectivas da Terra a longo prazo. Não entendo por que um primata, que abandonou as árvores recentemente, acaba assumindo o comando.

São mais fortes os argumentos que nos remetem à qualidade das vidas futuras, até mesmo a mais simples existência das próximas gerações. A qualidade da vida futura depende bastante do mundo que deixamos quando morremos. Você também pode pensar em nosso uso de outros recursos, mas concentre-se no uso que fazemos de combustíveis fósseis. Sabemos que continuar utilizando esse recurso no presente, ou o aumento nas taxas desse consumo, pode resultar em uma espécie de mundo particularmente terrível —um planeta com um clima mais extremo, nível do mar cada vez mais alto, problemas com colheitas e no suprimento de água doce, inundações, e assim por diante, talvez até um mundo praticamente inabitável. Não é preciso muito esforço para concluir que se as vidas futuras devem merecer nossa consideração, independentemente de quais sejam, então o mundo que deixaremos para elas também deve ser considerado. Não é preciso ir muito longe para dizer que algumas das ações sociais que fazemos agora, ações que não são sustentáveis, poderiam evitar a morte de muitas pessoas, além de refugiados ambientais, doenças, desnutrição, fome, guerras e sofrimentos de outros tipos. Evitar toda essa dor desnecessária por meio de escolhas sustentáveis tem como base um peso moral muito grande. Parece muito fácil perceber.

22. UN (1987), "Report of the World Commission on Environment and Development", A/RES/42/187.

O que é difícil encarar é a questão sobre de quem deveria ser a obrigação diante das exigências da sustentabilidade. Foi bastante fácil apontar os países ricos e dizer que a reflexão sobre os princípios históricos de justiça ou as capacidades atuais resulta na clara conclusão de que eles devem tomar uma atitude frente à mudança climática. A ação em jogo parece óbvia, tem muito a ver com cortar e reduzir emissões, talvez economizando, possivelmente pagando pela adaptação nas partes mais pobres do mundo. Agora, estamos diante da possibilidade perturbadora de que os países pobres do mundo todo talvez tenham de economizar também. As exigências da sustentabilidade podem recair sobre todos nós, igualmente. Devemos pensar naquelas pobres vidas lá adiante.

Será que estamos sugerindo realmente que os países em desenvolvimento devam ser guiados por preocupações com um futuro sustentável, mesmo que isso signifique fazer grandes mudanças na vida atual, vida que está apenas ficando tolerável e se afastando da pobreza? E o que dizer das pessoas que ainda vivem no limiar? Podemos esperar que um país com inúmeras pessoas famintas possa realmente se preocupar com a possibilidade de pessoas morrendo de fome no futuro? Há algo muito mais assustador nisso tudo. Pelo menos, alguns pensaram que a situação é bem pior, e já foi dito que os países ricos e poderosos usarão o discurso da mudança climática como desculpa para deter o mundo em desenvolvimento, para manter os países pobres sob controle.

Há vozes mais otimistas que expressam a esperança de que o mundo desenvolvido garantirá que o mundo em desenvolvimento passe por cima do pior da industrialização e se junte ao resto de nós, que vive uma vida sustentável. Em dias ruins você terá dúvidas sobre isso. Em um dia qualquer, por mais que você tente achar uma forma de pensar sobre isso, terá a impressão de que a sustentabilidade requer algo de cada um de nós. O peso moral de todas aquelas vidas futuras miseráveis pode parecer esmagador.

❖

Capítulo 4

Fazendo nada

*Todos nós reclamamos muito da brevidade do tempo quando,
na verdade, não sabemos o que fazer com o bastante que temos.
Passamos nossa vida não fazendo absolutamente nada, ou não
fazendo nada de relevante, ou não fazendo nada do que deveríamos.
Estamos sempre nos queixando de que nossos dias são poucos
e agindo como se eles nunca fossem acabar.*
   Sêneca

É provável que o capítulo anterior tenha convencido o leitor de que a ação sobre a mudança climática é moralmente necessária. Em particular, há muito peso moral nos ombros dos países ricos ou desenvolvidos, e uma pressão considerável para que o mundo em desenvolvimento também aja. Pensando novamente sobre apenas uma parte do argumento, o mundo desenvolvido usou e continua usando uma parcela fortemente desproporcional dos sequestradores de carbono do mundo. Algumas das premissas apresentadas já podem nos levar deste fato para a conclusão de que cortes suficientemente radicais nas emissões são necessários, exigindo mudanças drásticas na forma como nossas sociedades geram e usam energia. Antes de nos empolgarmos demais, no entanto, deve haver boas razões para evitar ou atrasar uma ação séria, talvez dando passos mínimos, ou então não fazendo nada. Neste capítulo, examinaremos algumas das razões dadas para fazer pouco ou não fazer absolutamente nada.

Incerteza

Grande parte dos maiores poluidores do mundo fundamentou a inatividade em razões ligadas à incerteza na ciência da mudança climática. Em um discurso que resume as razões do governo para não assinar o Protocolo de Kyoto, George W. Bush sustenta que "não sabemos a intensidade do efeito das flutuações naturais no clima sobre o aquecimento. Não sabemos até que ponto nosso clima poderia ou vai mudar no futuro. Não sabemos se essa mudança será rápida, ou como nossas ações poderiam impactá-la".[1] A incerteza pode ser a razão mais comum para fazer pouco ou não fazer nada em se tratando de mudança climática.

Vejamos um motivo para nos preocuparmos com esse tipo de incerteza. Fazer algo sobre a mudança climática envolverá alguns custos, e talvez bem altos. Quando um país compromete recursos para lidar com a mudança climática, então, obviamente, está fazendo escolhas, indo por um caminho e não por outro. Pense apenas nas escolhas que importam para a maioria das pessoas, ou seja, as econômicas. O dinheiro gasto para evitar combustíveis fósseis, por exemplo, é um dinheiro não gasto com outras áreas, como educação, estradas, habitação e defesa. Essas áreas fazem diferença na vida das pessoas, na vida dos eleitores, e podem parecer muito mais reais e urgentes que a ameaça distante de alguns centímetros a mais de nível do mar. E o que é ainda pior: e se estivermos errados em relação à mudança climática? E se acabarmos gastando um dinheiro que poderia ser útil em outras áreas importantes na atualidade?

É muito fácil se preocupar com essas questões, e provavelmente é muito mais fácil se você for um estrategista econômico que quer manter seu trabalho e precisa explicar suas escolhas às pessoas que querem uma parcela de seus gastos públicos. Trata-se de um aspecto importante para dirigentes que querem mais que um trabalho, que querem fazer o que é melhor ou correto. Antes que o dinheiro seja empregado para solucionar um problema, podemos razoavelmente pensar que se estivéssemos no lugar de um dirigente, teríamos que ter certeza de que se trata realmente de um problema e de que sabemos o que fazer em relação a ele. Deixaremos algumas incertezas —relacionadas à economia como tal— para a próxima seção. O que precisamos, agora, é da certeza ou, pelo menos, de uma grande confiança na ciência da mudança climática, mas estamos lidando com o clima. Não sabemos ao certo se vai chover amanhã, então, como é possível prevermos sobre possíveis inundações em 2050? Esse tipo de pensamento é bem fundamentado? O senhor Bush está certo ao afirmar que não sabemos a extensão dos efeitos das variações naturais no clima sobre o aquecimento, até que ponto nosso clima vai mudar ou em que velocidade? Mais importante: esse tipo de incerteza serve de fundamento para fazer pouco ou não fazer nada?

Você pode ler muitas considerações sobre o que sabemos a respeito no capítulo 1. Em particular, leu que o efeito estufa é bem compreendido. Nós também sabemos que estamos aumentando a quantidade de gases-estufa na atmosfera pela queima de combustíveis fósseis e pelo uso da terra de determinadas maneiras. Sabemos que isso está deixando o planeta mais quente

---

1. Presidente G. W. Bush (2001), "President Bush discusses global climate change", Press Release, 11 de junho de 2001.

—podemos esperar, ainda neste século, um aquecimento entre 1,1 e 6,4 graus. Sabemos que um planeta mais quente terá ondas de calor, extremos de tempo, novas zonas para a transmissão de doenças, mudanças nas colheitas e na disponibilidade de água potável etc. Portanto, vai doer se formos um pouco mais fundo e específicos.

O IPCC afirma que o aquecimento do sistema climático é "inequívoco".[2] Ele acredita que, "em alto grau de certeza, o resultado médio global das atividades humanas desde 1750 tem sido um dos fatores responsáveis pelo aquecimento". Felizmente, o IPCC nos diz exatamente o que quer dizer com "alto grau de certeza": pelo menos nove a cada dez chances de estar correto. É "praticamente certo" (definido como tendo mais de 99% de probabilidade de ocorrência) que nosso futuro seja caracterizado por dias mais quentes, menos dias e noites frias em praticamente toda a superfície terrestre, bem como dias e noites mais quentes e mais frequentes. É bem provável que (mais de 90% de probabilidade de ocorrência) aumente a frequência de ondas de calor e eventos de precipitações pesadas [vejam as chuvas no Nordeste brasileiro em junho de 2010]. É provável (mais de 66% de chance de ocorrer) que a área afetada pelas secas aumente, bem como a intensidade de tufões e furacões. Também é bem provável (mais de 90% de probabilidade) que aumente a quantidade de precipitações em altas latitudes, e diminua em áreas mais baixas, subtropicais.

Essas projeções são apenas para este século. Depois disso, o panorama ficará realmente mais sombrio. Por exemplo, o IPCC diz que é bastante improvável (menos de 10% de probabilidade de acontecer) que as correntes oceânicas profundas, como a Corrente do Golfo, passem por uma mudança abrupta antes de 2100. Você pode inverter as estatísticas e se assustar com a ideia de que, até onde se pode dizer, há uma probabilidade de 10% de que nossas atividades de fato resultem numa "transição abrupta" neste século. No entanto, é bem provável (mais de 90% de probabilidade) que a circulação no Atlântico só diminua a curto prazo. Mudanças a longo prazo, no entanto, não podem ser estimadas com certeza. Tenha em mente que estamos refletindo sobre o fluxo das correntes oceânicas que conservam a Inglaterra e a Europa como lugares verdes e prazerosos —pelo menos uma área mais confortável que outros lugares de mesma latitude, como, por exemplo, a Groenlândia. Parece quase certo que nossas atividades estão modificando esse quadro, mas também há incertezas: não sabemos se a mudança será tão radical ou se a catástrofe acontecerá logo. Se isso não é perturbador, então a incerteza que descreveremos a seguir será.

Depois de 2100, o derretimento do lençol de gelo da Groenlândia e sua contribuição para o aumento do nível do mar será bastante preocupante para uma

---

2. Os números e fatos a seguir são do IPCC (2007) 4ARWGI, "The scientific basis", resumo para estrategistas políticos, como são as definições dos graus de certeza. Todos os relatórios do IPCC estão disponíveis, em inglês, espanhol e outras línguas, em www.ipcc.ch.

grande parcela da humanidade. Se a temperatura subir entre 1,9 e 4,6 graus comparada aos níveis pré-industriais —o que provavelmente vai acontecer, segundo vários modelos—, e se esse aumento permanecer estável durante muito tempo, o gelo da Groenlândia derreterá completamente. Isso aumentaria o nível do mar em 7 m. Isso é o suficiente para inundar quaisquer áreas terrestres baixas que imaginemos: vastas regiões e altamente povoadas na China, Índia, Bangladesh, Egito, provavelmente a Holanda inteira, além de cidades como Nova York, Washington, Tóquio e Londres, e muitas outras na costa brasileira. Há incertezas neste ponto —nós não estamos certos se o gelo da Groenlândia derreterá por completo— mas essa incerteza me deixa nervoso.

Há um sentido em dizer que as incertezas, como as associadas ao que pode acontecer com a Corrente do Golfo e com o gelo da Groenlândia, nos incita mais a agir sobre a mudança climática, e não menos. Quando há muito a perder, não precisamos estar totalmente certos para tomar uma atitude preventiva, não acha? [ou é mais cômodo não fazer nada?]

O IPCC também reconhece uma abundância de incertezas de curto prazo. Não sabemos totalmente do que são capazes os sequestradores de carbono do planeta, nem entendemos muito bem a influência das nuvens na magnitude da mudança climática. Só compreendemos parcialmente os efeitos dos oceanos e dos lençóis de gelo no clima. Os temidos mecanismos de retroalimentação positiva só estão aparecendo lentamente. Só compreendemos melhor essas interações com o passar do tempo, mas o preocupante é que quanto mais sabemos, mais revemos nossas estimativas de aumento de temperatura para níveis mais altos, e as escalas de tempo para níveis mais baixos.

É importante compreender onde reside exatamente a incerteza. As diversas situações que ainda não compreendemos muito bem, o IPCC e outras tensões de vários tipos nos deixam incertos quanto ao tempo e a magnitude dos padrões regionais da mudança climática. Não está em dúvida o fato da mudança climática e do papel do homem nela. Sabemos que estamos provocando o aquecimento do planeta e como o estamos fazendo. O que não sabemos exatamente é a que gama de variação de temperatura chegaremos ou a rapidez com que isso acontecerá, nem podemos dizer onde estarão os desertos e em quais lugares ocorrerão secas, inundações, incêndios, quebras de safra e onde haverá refugiados. Há muitas coisas das quais não podemos ter certeza neste momento, mas, segundo alertas ameaçadores do IPCC, também "não podemos descartar as surpresas". Não sabemos o que acontecerá com o gelo da Groenlândia ou a Corrente do Golfo, por exemplo.

Pense novamente no estrategista político que se preocupa com os gastos. Há pelo menos dois aspectos na incerteza dele. Ele precisa ter certeza de que existe um problema, e precisa saber o que fazer em relação a ele. Não há espaço nenhum para a incerteza sobre a existência do problema da mudança climática.

A seriedade do problema também não está em questão. Sabemos o que fazer? Temos pelo menos alguns esboços bem claros de resposta: deveríamos tentar deter o pior das possíveis mudanças no nosso clima reduzindo agora as emissões de gazes de efeito estufa, e deveríamos nos preparar da melhor forma que pudermos para as mudanças que já começaram. A incerteza, com efeito, concerne apenas ao tempo e extensão dos preparativos e cortes necessários. Não sabemos o quão imediatas precisam ser as mudanças na nossa sociedade, ou quão amplas. Não sabemos até quando podemos ficar imunes tendo uma vida baseada em altos gastos de energia. Se colocarmos dessa forma, talvez possamos fazer com que esse vaivém de argumentos a respeito da ação sobre a mudança climática pareça mais egoísta. Talvez ele seja apenas isso mesmo.

Deixe de lado esse pensamento nauseante e concentre-se na incerteza que encaramos. Sabemos que existem perigos adiante, mas não sabemos exatamente o quê e quando fazer. Esse tipo de incerteza serve de fundamento para fazer pouco ou nada? Talvez ajude se imaginarmos um exemplo semelhante, porém mais simples. Suponhamos que você esteja cogitando comprar uma casa com uma bela vista, na beira de um penhasco. Você ouve falar sobre erosão costeira e decide fazer uma inspeção. O profissional responsável lhe diz que o índice de erosão foi consideravelmente baixo nos últimos cem anos, mas há razões para desconfiar que o ritmo esteja se acelerando. No fim, a casa terá de ser abandonada —talvez em cinquenta, cem anos, ou talvez ainda mais cedo que isso. Você só pensa na vista, lindíssima. Você conta algumas piadas idiotas sobre "viver no limite" e compra a casa assim mesmo. Contudo, você contrata um seguro e certifica-se de que o lugar está coberto, só no caso de acontecer o pior. Você está certo em ter pedido uma inspeção, e está certo em ter contratado uma seguradora.

Quando confrontados com esse tipo de incerteza —uma incerteza que não diz respeito a algum desastre futuro, mas sim ao que fazer em relação a ele neste momento—, o comportamento correto é se precaver. Esse tipo de incerteza serve como fundamento para a ação, e não como motivo para não fazer nada. Seria estranho ouvir uma pessoa dizer, "Eu sei que a casa vai acabar despencando pela ribanceira, mas não sei muito bem quando. Então, não vou fazer nada a respeito".

Há muitas variáveis que entram em jogo quando tomamos decisões face à incerteza. O grau da incerteza, obviamente, faz diferença. Se só houvesse uma pequena chance do penhasco erodir, então nossas conclusões sobre a compra, bem como a contratação de uma seguradora, teriam sido diferentes. Se estivéssemos preocupados com algo menos drástico que a queda da casa no abismo —talvez nossa preocupação seja apenas com as perspectivas de um depósito de ferramentas afastado—, nossos pensamentos sobre o que fazer poderiam mudar. Às vezes, nossas decisões são urgentes, e só esse fato pode nos forçar a agir diante da incerteza. Talvez eu quisesse aprender mais sobre as chances de o penhasco sofrer erosão, mas sei que há outros compradores sondando o lugar, então, ajo mais rápido do que faria em outras circunstâncias. Quem colocamos em risco com nossas ações também importa. Você me perdoaria por me mudar para a casa sozinho —talvez eu esteja me colocando em perigo, mas faço isso conscientemente. Se eu sei que o lugar é perigoso e vendo a casa para uma família desatenta sem dizer nada sobre o perigo, você estaria certo em me condenar por colocar os outros em risco. Talvez você tenha a obrigação de me impedir.

Raciocine sobre essas variáveis e na mudança climática. Melhor seria se não nos desencorajássemos pelo grau de incerteza referente a esse tema. Como acabamos de ver, há muita certeza no que de fato importa. Além disso, o tipo de incerteza parece garantir a ação, não a inação. O nível de perigos possíveis, também, parece mais alto que o suficiente para agir. Se é verdade que a necessidade de ação deveria ser proporcional ao nível de perigo, então, as ideias sobre o cerne da tomada de decisões de algumas perspectivas deveriam ser suficientes para conduzir a ação. Também é verdade que nossas decisões são urgentes. O planeta já está mudando, e continuará mudando antes de conseguirmos nos livrar de cada incerteza, por menor que seja. É certo que teremos de agir muito antes de vermos alguns dos efeitos da mudança climática se quisermos evitá-los —é preciso um tempo para pôr em prática mudanças sociais, e leva tempo para que essas mudanças façam a diferença no planeta. Provavelmente, não poderemos esperar até que o pior chegue ao nosso encalço. Por fim, continuar no curso atual coloca pessoas inocentes em risco. Já sabemos que o fato de algumas dessas pessoas estarem muito distantes e outras nem terem nascido não deveria fazer uma diferença moral para nós.

Essas ideias, apesar de bem rudes e simples, estão de acordo com nossas concepções cotidianas e pré-reflexivas de perigo, risco, incerteza e ação. Temos espaço bastante para intensificar isso tudo, mas o que temos já é suficiente para que eu conclua que pelo menos um tipo de incerteza não pode nos dar bons fundamentos para não fazer nada sobre a mudança climática. Outros tipos de incertezas são possíveis, obviamente, e falaremos de alguns deles mais adiante. Se esses pensamentos corriqueiros sobre o tipo de incerteza que consideramos não forem suficientes para você, talvez precise do apoio de um ou dois princípios morais mais sofisticados.

O princípio da precaução é o que direciona grande parte da reflexão nessa área. Talvez ele esteja enraizado em algo mais próximo de um fundamento moral: o princípio de não prejudicar ou a proibição geral contra ferir os outros intencionalmente, em igualdade de circunstâncias. Eu evito me envolver com o princípio da precaução porque acredito que as coisas simples e breves sejam suficientes para continuar, e também porque ainda não sei exatamente como

---

3. Ver Stephen Gardiner (2006), "A core precaudionary principle", *The Journal of Political Philosophy* 14.1, 33-60.

interpretar as muitas versões do princípio em si, além das implicações associadas às muitas versões. Minha precaução não o faria deixar de considerá-lo cuidadosamente, ou até mesmo aceitá-lo, se preferir.

O princípio da precaução tem diversas formas.[3] Versões dúbias parecem limitar praticamente toda ação que apresente pelo menos uma chance de gerar efeitos adversos. Caracterizações mais plausíveis do princípio afirmam que quando não compreendemos totalmente os efeitos de alguma prática ou tecnologia, o ônus da prova —quando se trata de segurança— recai sobre os defensores da tecnologia ou prática em questão. Se tenho alguma dúvida sobre feijões geneticamente modificados, cabe a você amenizá-la. Até lá, pecamos por precaução e mantemos seus feijões bizarros fora dos fundamentos.

Há um problema em pensarmos até mesmo nessa versão superficial do princípio. E se minhas dúvidas não forem razoáveis? Se você modificou feijões, é provável que saiba mais que eu sobre os perigos associados a isso. Então, por que minhas dúvidas contam muito mais que suas certezas? Novamente, se você modificou feijões, talvez tenha interesse em ver o desenvolvimento da tecnologia por trás disso —talvez você queira ignorar suas próprias dúvidas razoáveis. Nesse mesmo aspecto, o que conta como dúvida razoável? Você pode assumir esses princípios e, mesmo assim, fazer vista grossa para eles, esperando pela racionalidade em todos os lados de um debate, mesmo quando já não há mais esperanças. Você também pode fechar os olhos para as versões duvidosas do princípio e se concentrar somente na que talvez seja a versão mais relevante, dados os nossos propósitos.

Isso está escrito na Declaração do Rio, aceita por mais de 160 países desde a Eco-92:

> *Com o fim de proteger o meio ambiente, o princípio da precaução deverá ser amplamente observado pelos Estados, de acordo com suas capacidades. Quando houver ameaça de danos graves ou irreversíveis, a ausência de certeza científica absoluta não será utilizada como razão para o adiamento de medidas economicamente viáveis para prevenir a degradação ambiental.*

A forma de apresentar o princípio tem pelo menos alguns resultados. Ela nos lembra de que não precisamos ter certeza absoluta sobre os danos ao ambiente para agir contra essa possibilidade. Ela também nos lembra de que é possível saber que algo sério deve ser feito, mas lança dúvidas sobre a natureza particular da ação séria necessária. Essas dúvidas, uma incerteza, não devem ser confundidas com a incerteza sobre a necessidade da ação em si. A ausência de certeza, nesse sentido, não pode ser uma boa razão para adiar a ação preventiva.

• • •

Custos

Há diversas ideias relacionadas à conclusão de que devemos evitar agir em relação à mudança climática porque os custos são altíssimos. De forma bem simples, devemos dizer que fazer algo sobre a mudança climática ficará bem caro. Portanto, não deveríamos fazer nada. Por mais simplória que seja, a conclusão vai ao encontro de nosso ponto mais fraco. Talvez por isso Bush tenha mencionado preocupações econômicas quando optou por não assinar o Protocolo de Kyoto. Nas palavras dele, "cumprir essas determinações teria um impacto econômico negativo, gerando demissões de empregados e altos preços para os consumidores".[4] Alguns australianos de destaque fizeram a mesma afirmação recentemente. Sem nenhum tipo de alarde ou prelúdios cheios de altos ideais, o argumento consiste apenas em afirmar que esse ou aquele princípio para a ação sobre a mudança climática deve ser rejeitado porque prejudicará a economia, resultando na perda de empregos e, talvez, arruinando nossa atual prosperidade ou padrão de vida.

Há algo de vicioso na forma como o argumento se apresenta. No capítulo anterior, vimos muita coisa sobre os requisitos morais para a ação. Esses requisitos podem ser sobrepujados por um discurso de custos? Você perdoaria alguém que se esquivasse de uma obrigação moral porque você acredita que seria caro demais para esse alguém? A preferência dele não seria desistir das férias nas Bermudas, então, as doações para o apoio social às crianças terão de esperar. Se pensarmos um pouco sobre as causas e efeitos da mudança climática —nossa vida com alto consumo de energia, comparada ao sofrimento que as emissões de gases-estufa causam e continuarão causando—, chegaremos à conclusão de que evitar a ação sobre a mudança climática só por ser dispendiosa resulta em prejuízos para os outros por conta do dinheiro. Eis a parte viciosa.

No entanto, é possível reconhecer a existência de obrigações morais para a ação, mas una isso, com toda razão, ao objetivo de garantir que o dinheiro seja bem gasto. Há diversas abordagens da economia da mudança climática que usam uma variedade de modelos e métodos de previsão, e elas podem entrar em conflito em pelo menos duas direções gerais.

Algumas abordagens resultam na conclusão de que não deveríamos gastar muito com a mudança climática.[5] Talvez as afirmações mais conhecidas e controversas nessa conexão sejam as feitas por Lomborg. Ele argumenta que deveríamos gastar nosso dinheiro lidando com algum dos muitos males sociais

---

4. Presidente Bush (2001).
5. Ver, por exemplo, Bjorn Lomborg (2001), *The Sceptical Environmentalist,* Cambridge: Cambridge University Press; Lomborg (org.) (2006), *How to Spend $50 Billion to Make the World a Better Place,* Cambridge: Cambridge University Press, e também W. D. Nordhaus (org.) (1998), *Economics and Policy Issues in Climate Change,* Washington, DC: Resources for the Future.

—HIV, desnutrição, barreiras comerciais, água insalubre, malária etc. A mudança climática é apenas um dos problemas do mundo. Ele sustenta que podemos fazer bens muito maiores se usarmos nosso dinheiro para cuidar de outras coisas e investirmos uma quantidade relativamente pequena para a pesquisa e o desenvolvimento de fontes renováveis, digamos. Ele diz que, por exemplo, a implementação do Protocolo de Kyoto custa para o mundo US$ 270 bilhões por ano, e o que ganharíamos com esse investimento não é muito: um retardamento bem pequeno no aquecimento do planeta. Uma quantia bem menor, US$ 120 bilhões por ano, faria com que todas as pessoas dos países em desenvolvimento tivessem acesso ao básico da assistência médica, educação, água e saneamento. Fazer algo em relação à mudança climática é caro demais, não teríamos um retorno muito grande na forma de benefícios futuros para a humanidade e nosso dinheiro seria mais bem aplicado em outras ações, cujos efeitos fossem mais imediatos.

Outras análises, em particular as apresentadas no Relatório Stern, concluem algo bastante diferente: os benefícios de uma ação preventiva e de peso em relação à mudança climática têm, de maneira considerável, mais valor que os custos.[6] Stern argumenta que não fazer nada, ou fazer muito pouco, para reduzir as emissões de gases-estufa custará ao mundo, por ano, pelo menos 5% do produto interno bruto mundial. Se alguns dos piores cenários se tornarem realidade, os custos podem ser de 20% do PIB mundial. Em termos individuais, cada pessoa no planeta será cerca de um quinto mais pobre do que seria em outras condições, a não ser que imediatamente tomemos uma atitude eficaz. É evidente que se trata de uma média, e isso significa que algumas pessoas podem estar em condições muito, muito piores. Memoravelmente, Stern argumenta que os maiores distúrbios sociais e econômicos lá adiante, se não fizermos o suficiente, são "de escala semelhante àqueles associados com as grandes guerras e a depressão econômica da primeira metade do século XX". Não é difícil pensar que as coisas serão piores do que já são. Contudo, os custos relacionados a uma ação significativa para cortar as emissões poderiam ser limitados a 1% do PIB global por ano. Isso ainda é bastante dinheiro, mas gastá-lo agora poderia garantir tanto a prevenção do pior, economicamente falando, como também a chance de que nossas economias continuem crescendo. Fazer muito agora nos salvará de um desastre, mas o investimento trará dividendos.
O IPCC, por sua vez, observa que uma revisão da literatura sobre a economia da mudança climática apresenta grandes variações para o custo social das emissões de carbono em particular e uma série de variáveis econômicas diferentes em geral.[7] Isso se dá, em grande parte, segundo o Painel, devido a "diferenças de

---

6. Nicholas Stern (2007), *The Economics of Climate Change,* Cambridge: Cambridge University Press.
7. IPCC (2007) 4AR, WGII, "Impacts, adaptation, and vulnerability", resumo para estrategistas políticos.

suposições relacionadas à sensibilidade climática, atraso de resposta, tratamento de risco e igualdade, impactos econômicos e não econômicos, inclusão de perdas potencialmente catastróficas e taxas de desconto". Em outras palavras, os vários modelos operantes na análise econômica da mudança climática dependem de um grande número de suposições, as quais podem ter um efeito radical no que diz respeito ao nosso modelo e, em ultima análise, no que pensamos sobre os custos das propostas para lidar com a mudança climática. Avaliações envolvem juízos de valor, e é desnecessário dizer que pessoas razoáveis podem discordar sobre alguns pontos.

Enquanto há certezas associadas a alguns aspectos da mudança climática, há uma incerteza considerável na ciência quando se trata de avaliações econômicas, isto é, é difícil dizer exatamente onde e quando o problema será regional. A quantificação precisa de danos incertos não é fácil, talvez nem seja possível. Também é difícil avaliar danos planetários irreversíveis. Como se poderia atribui um valor monetário à perda de espécies inteiras, ecossistemas ou pessoas? Quanto o lençol de gelo da Antártida vale para você? Se quiser, você pode confundir as coisas pensando que nem todos concordarão sobre o quanto é importante uma floresta tropical, por exemplo. Esse desacordo não é necessariamente quantitativo. Minha avaliação estética da floresta é equivalente à visão de um nativo considerando-a uma fonte valiosa de comida e madeira? E quanto ao valor de outros pontos locais na floresta como lar espiritual? Como equiparamos isso à concepção de alguém sobre a floresta como um valioso sequestrador de carbono? Podemos piorar ainda mais as coisas pensando que não são apenas todas as nossas avaliações que devem estar presentes em nossas reflexões. Quanto a floresta valerá para a próxima geração, e para as seguintes? Todos esses interesses também são importantes.

Essas considerações podem nos levar à conclusão de que a análise econômica depende de algo ainda mais fundamental: nossas opiniões sobre o que é importante para nós —o que valorizamos. Isso equivale dizer algo muito além de que os modelos econômicos têm condições de explicar sobre as complexidades e incertezas do futuro. Não se trata de fazer objeção a essa ou aquela taxa de desconto ou à sensibilidade de um ou outro modelo. Ao contrário, a afirmação é de que, em geral, a reflexão sobre os valores é conceitualmente mais importante que a reflexão com valores econômicos e monetários em questão. Precisamos chegar a conclusões sobre a primeira antes de nos envolvermos com a última.

Se essa forma ou alguma outra parecida com ela for a correta para discutir sobre os custos da mudança climática, então parece claro que nossas conclusões sobre a ação não dependem somente dos custos. Nossas conclusões sobre esses custos dependem de nossas suposições sobre quanto determinadas coisas importam para nós. Em si, essas suposições —que acabam tendo um efeito imenso no quadro econômico mundial— estão fora do âmbito da economia. O que precisa ser feito são perguntas sobre valores, e não sobre os custos. Dar ênfase à discussão sobre custos e afirmar que eles permeiam as conclusões sobre nossos valores é um retrocesso.

Resgate tecnológico

A reflexão sobre a tecnologia e a ação no que tange à mudança climática é, proveitosamente, dividida em dois tipos de afirmações ou digamos, esperanças. Primeiro: diríamos que alguma tecnologia futura nos salvará, de alguma maneira, dos piores efeitos da mudança climática. Seria possível pensar que nenhuma ação imediata é necessária porque acabaremos encontrando uma solução tecnológica. Sempre encontramos soluções tecnológicas para nossas dificuldades, não é mesmo? Por que com problema da mudança climática seria diferente ou difícil de resolver? Segundo: com uma expressão levemente séria, seria possível dizer que a tecnologia que temos nos salvará do pior da mudança climática. Talvez possamos dispensar esforços sérios agora porque moinhos de vento, baterias solares e sistemas de armazenamento de carbono serão suficientes para cortar nossas emissões enquanto continuamos vivendo praticamente do mesmo jeito. Analisaremos um pouco dessas duas possibilidades.

Muitas pessoas confiam excessivamente em inovações tecnológicas não verificadas e muitas vezes desconhecidas. Essa postura, que pode decorrer de pura ilusão enraizada na ficção científica, tem inúmeros adeptos espalhados pelo mundo, e creio que os Estados Unidos devem ser seu defensor mais forte —o que é preocupante.

Tomando um dos diversos exemplos recentes: um trecho da resposta dos Estados Unidos a um rascunho inicial do relatório de 2007 do IPCC sobre a atenuação da mudança climática afirma que "modificar a radiação solar pode ser uma estratégia importante se a atenuação das emissões falhar. Fazer o P&D [pesquisa e desenvolvimento] para avaliar as consequências da aplicação de uma estratégia desse tipo é uma garantia importante que deveria ser concretizada. É uma possibilidade que merece consideração e deveria ser levada em conta".[8] Com a expressão "modificar a radiação solar" o autor se refere a um tipo de geo-engenharia ou terraformação, nesse caso refletindo parte da luz solar de volta para o espaço, de modo a atingir uma redução nos efeitos da mudança climática.

Algumas pessoas argumentaram que uma tela reflexiva gigante poderia ser colocada em órbita. Poderíamos soltar um milhão de balões de prata na atmosfera para refletir os raios do Sol. A possibilidade de emitir uma quantidade arrebatadora de gotas de sulfato na atmosfera usando foguetes com explosivos, num

---

8. Governo dos Estados Unidos (2006), "Review of the second order draft of WGIII contribution Climate Change 2007: Mitigation of Climate Change". Esse relatório foi amplamente divulgado. Ver, por exemplo, "US answer to global warming: smoke and giant space mirrors", *Guardian*, 27, janeiro de 2007.

esforço de simular os efeitos refrigerantes de uma erupção vulcânica maciça tem sido encorajada. A citação do parágrafo anterior também faz referência a um "seguro" de geoengenharia que deveríamos ter caso não conseguíssemos agir a tempo. Talvez essas discussões nos traga algum fruto, e não há nenhum mal em mantermos nossas opções abertas. Nossa questão, no entanto, é esta: a expectativa de um dia termos espelhos solares e aparatos desse tipo é motivo para não agir agora, para fazer pouco ou não fazer nada?

Tente ignorar a ideia, profundamente duvidosa, de que simplesmente possamos ser sortudos. Alguém, em algum lugar, pode inventar um dispositivo ou método que faça algo e nos salve das consequências da mudança climática. De algum jeito. Pense, pelo menos por um momento, em possibilidades mais concretas, talvez a chance de a geoengenharia deter as mudanças no planeta às quais demos início. Talvez possamos retornar ao clima pré-industrial, aquarelado e amplamente estável, ajustando a própria luz do Sol. Pense em um milhão de pequenos balões de prata tocando as nuvens, audaciosamente. Pense, também, nos sistemas de regulação agitados do planeta, que aparentemente estão em más condições ou se comportando de alguma forma que não compreendemos muito bem. Um milhão de balões corrigirá isso?

O IPCC faz pouco caso: "Opções de geoengenharia (...) continuam amplamente especulativas e sem comprovação, e [carregam] os riscos de efeitos colaterais desconhecidos".[9] Talvez, ser indiferente não seja o suficiente. Não há mal nenhum nos devaneios, a não ser que eles nos impeçam de fazer algo eficaz quando é necessário fazê-lo. Quando os devaneios tomam o lugar do reconhecimento de responsabilidades morais, como as que delineamos no capítulo anterior, os danos se tornam um erro moral. Os males que poderiam ser evitados tornam-se o erro de quem devaneia. Muitos males virão se não conseguirmos agir. Optar pelos devaneios, em vez da ação quando há tanta coisa em jogo, parece mais uma negligência moral.

Deixando a ficção científica de lado, existe a ideia de que a tecnologia que já temos nos salvará do pior da mudança climática. Parte da esperança nessa relação tem a ver com a crença de que atualmente podemos evitar pelo menos algumas ações significativas porque a implementação de certas tecnologias, seja disponível ou iminente, cortará as emissões por nós. Podemos deixar nossas televisões em *standby* simplesmente passando a usar energia solar. Essa linha de raciocínio subestima perigosamente a importância da ação necessária exatamente para implementar a tecnologia que temos.

Em um artigo instigante que chamou bastante a atenção dentro e fora da academia, Pacala e Socolow argumentam que a tecnologia existente hoje nos permitiria estabilizar as emissões de carbono nos níveis atuais dentro de

---

9. IPCC (2007), 4AR, WGIII, "Mitigation of climate change", resumo para estrategistas políticos.

cinquenta anos.[10] Estabilizar nos níveis atuais é um objetivo que pode ou não ser suficiente para nos salvar do tipo de temperatura que traria consigo mudanças terríveis para o mundo. Se a estabilização fosse alcançada, teríamos, então, de nos preocupar com a redução dos níveis de carbono. Mesmo assim, muitos consideram a estabilização a médio prazo uma meta que vale a pena ser perseguida. Antes de estourar o champanhe, no entanto, tenha em mente que, até que se atinja a estabilização, requer-se um esforço maciço em escala global.

Imagine um gráfico com quantidades cada vez maiores de emissões de dióxido de carbono no eixo vertical e o tempo no eixo horizontal. Se traçarmos o aumento nas emissões observadas ao longo do tempo, teremos uma inclinação ascendente. Se um ponto representante de nossas emissões estivesse assinalado no gráfico, poderíamos traçar duas linhas a partir dele representando dois caminhos: uma linha horizontal de estabilização, reta, representando o caminho para um mundo onde as emissões são mantidas nos níveis atuais; e uma linha contínua ascendente, mostrando os níveis de carbono se nada for feito para cortar as emissões. Feche o gráfico e você terá o que Pacala e Socolow chamam de "triângulo de estabilização".

O objetivo é encontrar "cunhas de estabilização", estratégias que controlem as emissões e nivelem na horizontal a tendência atual na direção de uma estabilização. Cada cunha terá evitado a emissão de um bilhão de toneladas de carbono por ano quando chegarmos a meados do século. No ano em que o artigo foi escrito, 2004, Socolow afirmou que estávamos emitindo cerca de 7 bilhões de toneladas por ano, caminhando para de 14 bilhões de toneladas ao ano em 2054. Segue-se que sete cunhas são necessárias para a estabilização. Pacala e Socolow identificam quinze cunhas. Essa estratégia de estabilização, essa forma de pensar em soluções tecnológicas possíveis, diz Socolow, "decompõe um desafio heroico em um grupo limitado de tarefas monumentais".

Pense apenas nos dois recursos renováveis de energia mais conhecidos: energia solar e eólica.[11] Considere primeiro a energia eólica. Para se obter uma cunha usando moinhos de vento, o mundo precisaria de 2 milhões de moinhos de um megawatt, substituindo a dependência atual numa quantidade equivalente de energia gerada pelo carvão. Temos cerca de 40 mil moinhos, apenas 2% do que seria preciso para a cunha. Vale notar que, na Inglaterra, para colocar em funcionamento uma usina eólica são necessários vários anos de burocracia —principalmente porque os nativos preferem não ter turbinas antiestéticas atrapalhando a bela paisagem. E os painéis solares? Em meados do século, precisaremos de

---

10. Stephen Pacala e Robert Socolow (2004), "Stabilization wedges: solving the climate problem for the next 50 years with current technologies", *Science* 305, 968-72.
11. Esses detalhes aparecem em um discurso de Robert Socolow chamado "Stabilization wedges: mitigation tools for the next half century", proferido no Instituto Britânico de Meteorologia como parte de uma conferência chamada "Avoiding dangerous climate change: a scientific symposium on stabilization of greenhouse gases, Met Office" em 3 de fevereiro de 2005. O pessimismo que acompanha o discurso é meu.

setecentas vezes mais da capacidade atual para uma única cunha. Isso seria o mesmo que painéis cobrindo cerca de 2 milhões de hectares —uma área de terra equivalente ao tamanho de Nova Jersey ou Israel. Se os padrões do tempo mudarem em meados deste século, nossos milhões de moinhos e quilômetros de painéis solares estarão nos lugares certos?

E o que dizer da captura e armazenamento de carbono, o elogiado processo pelo qual o dióxido de carbono é bloqueado durante a produção de energia e impedido de chegar à atmosfera? A tecnologia é nova, e pode haver problemas graves a longo prazo associados a ela, mas, para atingir uma cunha, teríamos que armazenar uma quantidade estonteante de dióxido de carbono —praticamente igual à que tiramos de petróleo do solo. No momento atual, pouquíssimas empresas testam a captura e armazenamento de carbono. Compare-as ao grande número de instalações que temos para extrair petróleo da Terra e entenda os amplos esforços necessários apenas para por essa cunha em ação.

Poderíamos ser salvos pelo biocombustível? Para termos uma cunha em 2050, teríamos que substituir 2 bilhões de carros movidos a combustível fóssil que estariam em uso naquele momento por novos veículos totalmente movidos a biocombustíveis limpos. Esses carros também teriam que rodar uma média de 25 km por litro, em vez de onze, que é a média atual aproximada. Para abastecer esses carros seria preciso o cultivo de 250 milhões de hectares de plantações de alto rendimento —aproximadamente um sexto das terras férteis do mundo. Há um temor cada vez maior de que a corrida para produzir biocombustíveis já esteja levando a mudanças no uso da terra, que poderão causar alterações climáticas —agricultores muito pobres estão queimando florestas tropicais, dedicando espaço ao cultivo para biocombustíveis. Em cinquenta anos, quando as plantações de alimentos estiverem em colapso, os períodos de plantio estiverem invertidos, houver ameaças de seca, as pessoas estiverem passando fome e assim por diante, nosso desejo realmente será dedicar uma parte tão grande das terras férteis que tivermos para alimentar carros, e não pessoas?

Há muita discussão sobre hidrogênio, economia de hidrogênio e células de combustível de hidrogênio. Os Estados Unidos deram muita importância às possibilidades do hidrogênio, mas atualmente ele nem é uma fonte de energia —gasta-se mais energia para produzir combustível de hidrogênio que a energia por ele gerada. Além do mais, o hidrogênio é tão livre de carbono quanto a fonte de energia usada para produzi-lo. Os processos de produção disponíveis são caríssimos, e as opções mais baratas que temos hoje resultam em emissões de carbono. Armazená-lo também não é nada fácil. Como o hidrogênio tem a forma de gás, e não de líquido, exige muito mais espaço que o petróleo. Os tanques de combustível de hidrogênio instalados nos carros teriam de ser consideravelmente maiores que os de hoje. Os problemas de armazenamento poderiam ser resolvidos com a transformação do hidrogênio em líquido, mas somente pelo custo da energia necessária para resfriá-lo a temperaturas absurdamente baixas. O hidrogênio pode acabar se tornando uma fonte limpa de energia, mas, de acordo com diversas estimativas, precisaríamos esperar cerca de cinquenta anos para que isso acontecesse. É promissor, mas não nos ajuda em nada no momento atual.

Talvez, agora, você concorde com a ideia de que exatamente todas as "soluções" tecnológicas disponíveis são como moinhos de vento, painéis solares, biocombustíveis e hidrogênio: certamente vale a pena persegui-las, mas nenhuma pode resolver os problemas. Nenhum dos caminhos possíveis parece fácil. A conclusão não é totalmente pessimista —decerto, Socolow e seus colegas não são profetas da desgraça. Eles esperam nos convencer de que precisamos buscar essas tecnologias imediatamente se quisermos fazer algo significativo até meados do século. De todo modo, não há razão nenhuma para se pensar que podemos protelar uma ação séria na esperança de que a tecnologia venha nos resgatar. Somente o oposto é verdadeiro: neste exato momento e no futuro próximo, precisamos de esforços hercúleos se a tecnologia nos for útil de alguma maneira. Está claro que não podemos continuar como estamos. Não podemos cruzar os dedos de maneira razoável, continuar construindo usinas a carvão e dirigir carros esportivos, pensando o tempo todo que a tecnologia reduzirá as emissões para nós. Provavelmente, o que temos de fazer —além de esforços tecnológicos grandiosos como os rejeitados anteriormente— é mudar nossas vidas. Em vez de encontrar soluções tecnológicas para nossa necessidade de energia, precisamos encontrar formas de usar menos energia.

Esperando pela ação dos outros

A afirmação de que as medidas para combater a mudança climática devem ser proteladas até que os outros ajam surge de várias formas.

Embora seja defensor de pelo menos alguma ação, Tony Blair sugeriu que mesmo se todas as emissões da Inglaterra fossem instantânea e misteriosamente finalizadas agora, em menos de dois anos o crescimento das emissões da China eliminaria os efeitos da redução inglesa. Um dos motivos alegado por Bush para não participar do Protocolo de Kyoto é que o acordo é falho nas exigências de países como China e Índia. Vale a pena esmiuçar várias ideias presentes aqui.

Decerto é verdade que alguns países —tendo a China e a Índia como suspeitos comuns— estão se desenvolvendo numa rapidez impressionante. De acordo com muitas estimativas, a China já superou os Estados Unidos como o maior país emissor de gases-estufa do mundo. Há muitas formas de mensurar esse tipo de ocorrência. Vale notar que os Estados Unidos continuam liderando em termos de emissões *per capita* e cumulativas há algum tempo, mesmo em vista do crescimento explosivo do Oriente. Um chinês comum ainda é muito menos responsável pela quantidade média de emissões *per capita* no planeta —quatro ou cinco vezes menos que as emissões de um americano comum, e cerca de duas vezes menos que as emissões da média europeia.[12] Tanto Índia quanto China têm economias em rápida expansão, classe média em crescimento com renda disponível e vontades, e demandas de energia cada vez mais elevadas. Os dois países também são movidos quase totalmente a combustíveis fósseis.

A primeira preocupação que devemos ter acerca dessa situação, a preocupação de Blair, pode parecer enraizada em um tipo de desalento para com a vida ou o mundo: não importa quais sejam nossos esforços, o desenvolvimento de novas emissões acabará por sobrepujá-los. Digamos que os cortes de emissões do Protocolo de Kyoto resultem numa economia total de 500 milhões de toneladas de gases-estufa por ano em 2012.[13] No mesmo ano, graças à construção de novas e resplandecentes usinas a carvão, a Índia poderia muito bem anular os cortes com cerca de 500 milhões de toneladas de emissões novíssimas a cada ano. Talvez a China já emita, sozinha, 2 bilhões de toneladas de gases oriundos de novas usinas em 2012. Sendo nossos esforços mais que neutralizados com essas emissões, fica difícil ver um sentido em nosso empenho.

A segunda preocupação, dessa vez de Bush, estaria enraizada numa concepção estranhamente tacanha de justeza. Algumas pessoas nos Estados Unidos admitiram que o país é responsável por grande quantidade das emissões anuais do planeta, mas não por todos os tipos. Emissões são emissões, e o planeta não dá a menor importância de onde vieram. Antes de os Estados Unidos fazerem sua parte, precisam ter certeza de que outros países do mundo também assumam as responsabilidades que lhes são devidas. Os americanos argumentam que como o Protocolo de Kyoto não impõe restrições nas emissões de alguns grandes países em desenvolvimento, trata-se de um "acordo imperfeito", e os Estados Unidos simplesmente não assinarão. Há um tipo de lógica esquisita nisso. Não é exatamente algo tão meticuloso quanto um prisioneiro com um dilema. Em vez disso, a ideia parece lembrar estranhamente a característica contraditória do *Catch 22*:

"(...) Deixe que mais pessoas morram.
Mas suponhamos que todos do nosso lado pensem a mesma coisa.
Então, certamente eu seria um completo idiota se pensasse
de outra forma. Não seria?"

---

12. Dados referentes a emissões *per capita* estão disponíveis no Centro de Análise das Informações sobre o Dióxido de Carbono (CDIAC), do Departamento de Energia dos Estados Unidos, para a Divisão Estatística das Nações Unidas, e podem ser verificados em www. unstats.un.org.
13. A preocupação surge em muitos lugares, mas os números são difíceis de encontrar. Os que fornecemos aqui são de Mark Clayton, "New coal plants bury Kyoto", The Christian Science Monitor, 3 de dezembro de 2004. As fontes originais citadas são a Administração de Informação de Energia dos Estados Unidos e várias estimativas industriais. Acho que podemos ter uma certeza razoável sobre a situação, mesmo que os números que temos sejam apenas bons palpites.

Se todos os outros estão emitindo gases-estufa sem limites, então os Estados Unidos seriam tolos se limitassem suas próprias emissões. Não seriam?

Uma das primeiras coisas que percebemos nessa relação é que as duas preocupações parecem desconsiderar o fato de que os requisitos para alguns tipos de ação, principalmente a ação exigida moralmente, não são contingentes sobre a ação dos outros. Se fazer algo é a coisa certa , fazer algo continua sendo a coisa certa a fazer independentemente de os outros estarem ou não fazendo também. Se for errado, continuará sendo errado mesmo que todos o façam.

Segundo, embora seja verdade que algumas vezes faz sentido não agir quando os outros não se empenham o suficiente, o caso da mudança climática é diferente. Eu poderia, com razão, entrar em greve e deixar os pratos sujos na pia se meus colegas de apartamento não limpassem nada depois de sujar. Deixar de fazer o que normalmente é exigido de mim é, em última análise, autodestrutivo —em algum momento, eu não terei nenhum prato limpo para mim—, mas talvez os outros entendam meu ponto de vista e limpem a própria sujeira. De todo modo, nas palavras de Singer:

> *Essa situação não acontece com a mudança climática, em que o comportamento dos países industrializados se parece mais com o da pessoa que deixou a torneira da cozinha aberta, mas também se recusou a fechá-la ou a limpar toda a água que escorreu enquanto você —que derramou a quantidade insignificante de meio copo d'água no chão— não prometesse não derramar mais água.*[14]

A visão de Singer, muito bem colocada, é que o mundo industrializado não está na mesma posição que uma pessoa que se recusa a agir por uma boa razão. A magnitude das emissões do mundo desenvolvido certamente faz parte da diferença. Também vale ressaltar que grande parte do mundo industrializado tem pelo menos concordado em começar a limpeza. A recusa dos Estados Unidos em fazê-lo, partindo desse pressuposto, parece ainda mais insustentável.

Podemos aumentar as coisas, deixar as analogias de lado e pensar seriamente nos argumentos para a ação, como os considerados no capítulo anterior. As capacidades de absorção do planeta são um recurso precioso e escasso. Como afirma Shue, "uma grande quantidade de considerações éticas irrelevantes para os fornecimentos ilimitados 'travam' quando se descobre que há escassez".[15] Importa quem usa quanto dos sequestradores do planeta, pois o uso de uma pessoa priva efetivamente outra pessoa de sua parte. Além disso, as partes são muito importantes: em virtude da forma como nossas sociedades são estabelecidas, comer, beber e, de modo geral, continuar vivendo depende de emitir gases-estufa. O ponto de vista de Shue, que deve ser tomado com a maior seriedade possível,

---

14. Peter Singer (2004), pp.44-5.
15. Henry Shue (1994), "After you: may action by the rich be contingent upon action by the poor?", *Indiana Journal of global Legal Studies* 1, 353.

é que as demandas éticas são impostas aos usuários de um recurso valioso e escasso simplesmente porque o mesmo recurso está sendo usado. Não importa se um país assina um tratado, se um país tem o propósito de privar os outros ou se outros países também estão cooperando. A demanda moral é: o que os outros fazem não importa.

Acredito ser possível dedicarmos um pouco mais de tempo à primeira preocupação, enraizada no princípio do desalento para com o mundo. Podemos acabar com as mãos na cabeça, mais do que gostaríamos, quando refletimos sobre o que costuma ser semelhante à futilidade das ações para limitar emissões. Se você toma qualquer atitude, inclusive uma ação moralmente necessária, pode legitimamente questionar se os efeitos benéficos de sua ação serão anulados de imediato. Se você for um consequencialista —digamos que um utilitarista defensor de que o valor moral de um ato é totalmente determinado por suas consequências para a felicidade humana—, então, descobrir que sua ação não tem nenhuma consequência benéfica é o mesmo que descobrir que sua ação não é moralmente necessária.

Mas a ação tomada por alguns países agora terá consequências benéficas. Suponhamos que 500 milhões de toneladas de dióxido de carbono sejam economizadas com o Protocolo de Kyoto. Trata-se de 500 milhões de toneladas que nunca foram emitidas, ou seja, que não fazem parte do total planetário. Como sugerem alguns, talvez só o fato de darmos alguns passos na direção correta possa fazer uma diferença significativa no futuro. Trabalhar com o intuito de economizar esses 500 milhões de toneladas nos ensinará algumas lições, talvez nos ajude a evitar os próximos 500 milhões de toneladas. Espera-se que os Estados se tornem mais conscientes da importância da ação e tomem mais atitudes —alguns exemplos podem servir para outros. Poderíamos até perscrutar as confusas cadeias causais e pensar que economizar 500 milhões de toneladas de gases-estufa é algo que salva vidas futuras. Esses são efeitos bons que deveriam aparecer nos prognósticos de qualquer utilitarista que se preze. Tenho dúvidas a respeito dessa relação, e chegaremos a elas no próximo capítulo. Mas, apesar das dúvidas, podemos renunciar ao desalento do mundo.

Urgência

Acabamos de refletir sobre as razões máximas alegadas para se adiar ou recusar a agir sobre a mudança climática e agora estamos insatisfeitos. Provavelmente seria incorreto encontrar um único erro nelas, tentar reduzi-las a apenas um tipo de erro de juízo. Mas há algo comum em todas elas, algo que se sobressai um pouco em caso de uma boa análise. Nenhuma das razões para procrastinar a ação significativa sobre a mudança climática é baseada em um princípio.

Certamente, não há princípios morais nos argumentos. Não se fala muito em justiça, igualdade, justeza ou o valor da vida humana. Este fato pode nos fazer pensar um pouco mais, ficar desconfiados, perguntar qual seria a verdadeira motivação para o atraso na tomada de atitudes.

Nós nos afastamos rapidamente dos argumentos anteriores quando encontramos neles vício e imprudência. Talvez agora seja o momento de reconsiderá-los. Parte do argumento contra a ação baseado na incerteza científica parece notável por sua imprudência. De alguma forma, o argumento contém a ideia enganosa de que podemos seguir razoavelmente nossas vidas, gastando uma quantidade excessiva de carbono, porque realmente não sabemos quando ou onde os desastres ecológicos ocorrerão. Isso equivale a um tipo de aposta com a vida das pessoas de todos os lugares do planeta, agora ou no futuro —uma aposta em que conseguimos levar um pouco mais adiante nossas vidas confortáveis enquanto colocamos a vida dos outros em risco. Há um vício semelhante no pensamento de que o custo da atenuação e da adaptação deve ser um motivo para fazer pouco ou não fazer nada. Isso é o mesmo que prejudicar os outros por dinheiro. A imprudência surge novamente na ilusão que sustenta a esperança por uma rápida solução tecnológica. É um risco ridículo, uma aposta em que podemos continuar nossas vidas enquanto os outros esperam que algo desconhecido ou não comprovado faça tudo corretamente no final. Há vício na recusa de agir a não ser que os outros ajam. É o mesmo que ignorar as demandas morais impostas sobre nós enquanto tentamos, simultaneamente, impor demandas morais aos outros. Nesse aspecto, a hipocrisia entra em nossa lista de falhas.

É difícil fugir da conclusão de que o egoísmo é o principal fundamento dos argumentos contra a ação. Os argumentos podem parecer atraentes somente se atuarmos com a premissa de que nossa vida importa mais que a vida de outras pessoas. Se minha vida importa mais que a sua, colocar sua vida em risco pela minha de várias maneiras pode parecer um modo razoável de agir.

Há outra, e talvez a última, consideração contra os argumentos para não fazer nada. Quase todos os fatos que temos sobre o clima, o planeta e nós mesmos apontam para a urgência da ação. Pense apenas nos períodos de tempo envolvidos. O dióxido de carbono permanece na atmosfera e contribui para os efeitos da mudança climática por centenas de anos. Alguns dos sistemas de regulação do planeta podem se desenvolver, note bem, a velocidades glaciais. Mudanças tecnológicas como as que consideramos anteriormente levarão décadas para ser implementadas. Reduzir de maneira geral e mudar a estrutura de nossa forma de vida são coisas que não acontecerão da noite para o dia. Uma usina a carvão recém-construída continuará causando danos durante sua longa vida operacional. Quanto mais longo o atraso —quanto mais gases-estufa emitirmos na atmosfera, quanto mais florestas desmatarmos, quanto mais danos causarmos—, mais difícil será a reversão dos processos aos quais demos causa.

Talvez alguns processos não sejam reversíveis, mas até mesmo desacelerá-los e nos dar a chance de adaptação já é um objetivo que vale a pena ter. Quanto maior o atraso, pior será nosso futuro. Qualquer argumento contra a ação deve, de alguma forma, colocar a nossa frente algo mais valioso que um futuro melhor para a humanidade. É difícil imaginar o que esse algo poderia ser.

❖

Capítulo 5

Fazendo alguma coisa

> Não somos responsáveis somente pelo que fazemos,
> mas também pelo que não fazemos.
> Molière

Os últimos dois capítulos mostraram que existe uma demanda moral para a ação sobre a mudança climática e que não há motivos convincentes para deixar de agir. De modo mais simples, os governos de um modo geral deveriam fazer algo significativo em relação à mudança climática. Neste capítulo, primeiro consideraremos o que o mundo fez, com efeito, depois avaliaremos o exemplo moral para dois tipos gerais de propostas para o que deveria ser feito. Será útil termos alguns critérios em mãos, alguns padrões que usamos para julgar as várias propostas e ações implementadas. Teremos de ser bastante técnicos, provavelmente envolvidos em princípios morais; talvez tenhamos que nos aproximar mais do que se diz sobre critérios, propostas e fatos históricos, algo que eu gostaria de fazer em outras circunstâncias. Isso pode parecer uma situação difícil, mas, nesse caso, a compensação vale a pena. Chegaremos ao fim com uma compreensão mais clara que a ação sobre a mudança climática tem sido e deveria ser.

Antes de continuar, no entanto, pare um momento para uma breve reflexão. Pense num mundo que tenha levado bem a sério os relatórios do IPCC de 1990. Os governantes desses países, agindo prudentemente e em harmonia, chegaram a um rápido acordo sobre mecanismos para a eliminação das emissões de gases-estufa de maneira tão rápida e extensa quanto possível. Os países desenvolvidos implementaram e compartilharam tecnologias verdes, cortando emissões e permitindo que os países pobres progredissem em economias mais limpas; florestas foram protegidas em todo o mundo, e novas florestas foram plantadas; políticas garantindo a eficiência no transporte e na indústria surtiram efeito; países ricos começaram a ajudar os pobres a se adaptar às mudanças em curso. Todo o sofrimento futuro que poderia ser evitado foi evitado, e as gerações futuras olharam para trás nesse esforço gigante com uma mescla de gratidão e assombro.

Mas isso é só fantasia. A questão é que isso poderia ter acontecido, mas não aconteceu. É quase insuportável contemplar o que as gerações futuras pensarão de nós, tendo em vista o que realmente fizemos. Contudo, pensar no julgamento das próximas gerações pode concentrar nossa atenção na importância de termos o máximo de cuidado para fazer o que é moralmente certo enquanto ainda há tempo.

Critérios de adequação moral

As propostas de ação podem ser avaliadas de várias formas. A maioria depende do que acreditamos ser mais importante. Poderíamos dizer que uma proposta é adequada na prática, ou seja, que será bem-sucedida dentro de certas realidades. Uma proposta pode ser adequada tendo em vista fatos ou princípios econômicos específicos: o custo dela é acessível ou o valor é vantajoso. Podemos, ainda, dizer muitas outras coisas sobre as propostas —elas podem ser eficientes ou viáveis, talvez controláveis, até mesmo politicamente desejáveis ou adequadas de modo geral. O que nos interessa, no entanto, é a adequação moral das propostas para abordar a mudança climática. Em virtude das nossas reflexões feitas no capítulo 3, podemos colocar esses critérios na mesa imediatamente. Uma proposta moralmente adequada deve ter em consideração:

(1) Responsabilidades históricas;
(2) Capacidades atuais;
(3) Sustentabilidade.

Podemos citar mais um item, (4) Justeza procedimental, que veremos em breve. A sugestão é que qualquer proposta para a ação sobre a mudança climática deve pelo menos satisfazer cada uma das quatro exigências morais. Outras demandas morais são possíveis, mas podemos dizer, com certa confiança, que uma proposta é moralmente inadequada quando não considera seriamente um desses quatro preceitos. Não será nada mal pensarmos em cada um deles.

Primeiro: está claro que, de certo modo, alguns países carregam uma responsabilidade maior que outros na questão da mudança do clima. É fato, pura e simplesmente, que alguns países emitiram mais gases-estufa —usaram mais sequestradores de carbono, colaboraram mais com a mudança climática— que outros. É fato quantificável: sabemos algo sobre emissões cumulativas. Tal fato pode ser adicionado a diversas premissas do tipo que já analisamos, e o resultado é a visão de que o ônus associado à adaptação e atenuação deve ser distribuído de acordo com o que sabemos sobre emissões passadas. Ideias de justiça, princípio do poluidor-pagador, conexões entre responsabilidades causais e morais e assim por diante, tudo isso resulta no pensamento de que o mundo desenvolvido tem deveres extras, responsabilidades mais profundas e mais obrigações —da forma como você preferir— quando se trata de agir em relação à mudança climática.

Segundo: sabemos que as emissões atuais são desiguais —mais uma vez, o mundo rico e desenvolvido emite muito mais que o mundo em desenvolvimento. Tenho em mente as emissões *per capita*, mas tudo leva a crer que os países desenvolvidos continuarão emitindo, durante algum tempo, mais que o país em desenvolvimento mais populoso. A justeza, talvez algum conceito do que é correto ou de direitos iguais, a importância das emissões de subsistência, todas essas questões apontam para a conclusão de que um recurso finito e precioso deveria ser distribuído igualmente, a não ser que tenhamos critérios moralmente relevantes para renunciar à igualdade. Também sabemos um pouco sobre as capacidades variáveis dos ricos e pobres no planeta. Esses dois grupos de fatos sobre o presente levam à conclusão de que deveria ser atribuída ao mundo desenvolvido uma parcela proporcionalmente muito maior dos ônus associados à adaptação e atenuação.

Terceiro: há algo a dizer sobre a reflexão dos direitos das gerações futuras, manejo florestal ou o fato geral de que as vidas futuras devem nos importar. As demandas de sustentabilidade recaem em todos os países de maneira igual. Se estivermos interessados agora em propostas específicas para a ação, precisaremos considerar os níveis sustentáveis das emissões de gases-estufa, se é que eles existem. Até agora, conseguimos evitar as particularidades de nossas obrigações para com o futuro, mas a justificativa para a ação moralmente adequada sobre a mudança climática terá de adotá-las ponto a ponto. Em certo sentido, é esse critério que limita os outros. Somente depois de argumentar a favor da afirmação de que um ou outro nível de emissões é sustentável é que podemos continuar falando sobre uma divisão justa ou honesta dessas emissões. Isso dependerá de pelo menos duas coisas: nosso melhor pensamento científico sobre o clima e nossos valores, especificamente o valor que damos à vida.

É possível reconhecer a parte empírica relevante de uma proposta para a ação na busca de discursos sobre metas dos níveis de temperatura e de gases-estufa. Antes da Revolução Industrial, os níveis de dióxido de carbono beiravam 280 partes por milhão (ppm). Os níveis ultrapassaram os 380 ppm em 2005, e sobem cerca de 2 ppm todo ano. A taxa de crescimento também aumenta.[1]
A relação entre o dióxido de carbono na atmosfera e a temperatura certamente é digna de nota. Dá-se o nome de "sensibilidade climática" à medida do aumento da temperatura associada a um novo estado de equilíbrio, caso o dióxido de carbono na atmosfera dobre quando comparado aos níveis pré-industriais. Junto com as atuais medições da quantidade de dióxido de carbono na atmosfera, ela pode nos dar uma ideia do andamento da mudança climática, entre outras coisas. Dessa forma, esforços para calcular a sensibilidade climática chamam bastante

---

1. Todos esses dados são do CarbonTracker, fornecidos por NOAA ESRL, Boulder, Colorado, Estados Unidos, disponíveis em www.cmdl.noaa.gov/carbontracker.

a atenção. O melhor palpite que temos está na faixa entre 2 e 4,5 graus.[2] Propostas para a ação terão de estabelecer metas específicas à luz de todas essas coisas —talvez em termos de limites mais altos para os aumentos de temperatura ou níveis de dióxido de carbono na atmosfera— ancoradas numa compreensão mais clara sobre o clima. Outros tipos de metas também são possíveis, mas alguns tipos de objetivos precisos certamente são necessários.[3]

Não há carência de limites, metas e propostas. Atualmente, eles parecem abarcar cerca entre 60% a 80% das reduções dos níveis de gases-estufa de 1990 até meados do século. O governo inglês tem como objetivo reduzir suas emissões a 60% dos níveis de 1990 até 2050. O Centro Pew sobre Mudança Climática Global defende cortes de 60% a 80% até 2050.[4] O Global Commons Institute estabelece o limite maior de dióxido de carbono em 450 ppm, sustentando a necessidade de reduções de 80% até 2050.[5] O limite de 2 graus também é mencionado em muitos apelos à ação no momento. Certamente, o IPCC sustenta que os aumentos nas estimativas globais de temperatura acima de 1,5-2,5 graus estão associados ao aquecimento mais rápido e a mais "impactos negativos".[6]

Livros recentes também se detiveram no limite de 2 graus. Lynas afirma que um aumento de temperatura acima de 2 graus desencadeia uma retroalimentação no ciclo natural de carbono da Terra, lançando mais dióxido de carbono no ar e nos levando além dos 3 graus. Isso derreteria a *permafrost*, colocando metano suficiente na atmosfera para que ultrapassássemos os 4 graus, fato que, por sua vez, geraria uma grande chance de liberação de mais metano dos oceanos, superando os 5 graus —o que seria o fim da maior parte da vida na Terra. Isso significa que, segundo ele, as emissões globais têm de chegar ao pico até no máximo 2015 e cair drasticamente depois disso, estabilizando-se em não mais que 400 ppm.[7] Monbiot argumenta que um corte monumental de 90% é necessário nas emissões dos países industriais até 2030 —uma mudança imediata e descomunal, posto que ele argumenta ser algo possível.[8] A expectativa, repetindo, é manter a mudança abaixo de 2 graus.

Essas metas, obviamente, deveriam ser um assunto de maior reflexão, principalmente porque temos apenas uma compreensão parcial dos mecanismos de retroalimentação, sequestradores, nuvens etc. No entanto, não restam dúvidas de que os cortes exigidos são substanciais e que devem ser praticados o mais

---

2. IPCC (2007) 4AR, WGI, "The physical science basis", resumo para estrategistas políticos.
Todos os relatórios do IPCC estão disponíveis em www.ipcc.ch.
3. Algumas propostas especificam estratégias iniciais, em vez de buscar metas específicas.
Não há nada de errado nesse princípio, desde que haja bons fundamentos empíricos para pensarmos que as metas terão efeitos sustentáveis.
4. Eileen Claussen, Presidente do Pew Center, aconselhando a Câmara dos Representantes dos Estados Unidos, Comitê de Procedimentos, 28 de fevereiro de 2007.
5. Do Global Commons institute, disponível em www.cgi.org.uk. O GCI reconhece a importância da revisão de metas de acordo com novas informações, mas afirma que teremos de começar com alguma quantidade.
6. IPCC 4AR, WGIII, "Mitigation of climate change", resumo para estrategistas políticos.
7. Mark Lynas (2007), *Six Degrees*, Londres: Fourth Estate.
8. George Monbiot (2006), *Heat*, Londres: Penguin books.

rápido possível. Podemos não saber exatamente onde deveriam estar os níveis de emissões, mas está claro que os níveis atuais são altíssimos. O aspecto científico de qualquer proposta para a ação só satisfará o critério de sustentabilidade se conseguir justificar de maneira convincente os cortes ou metas que defende, junto com nosso melhor entendimento do sistema climático.

A parte da proposta relacionada com o valor das vidas costuma ser expressa em termos de risco. Quanto mais emissões permitimos, mais quente o mundo fica e maior é o risco de perigo para nós e para os que virão depois de nós. O nível de risco aceitável depende de muitas coisas, mas, certamente, depende em grande escala quão a geração futura importa para nós. Se não importa, então não estamos arriscando muito ao permitir que os níveis de emissão aumentem. A parte da demanda por sustentabilidade no que concerne aos valores diz que as gerações futuras merecem nossa consideração e que, na melhor das hipóteses, as propostas deveriam nos garantir que a ação defendida não as coloque em um perigo desnecessário. O que é aceitável ou necessário, o que vale o risco e o porquê, deveria ser esclarecido pela proposta em questão. Devemos chegar a uma justificação convincente para os valores incorporados na conclusão.

Por fim, propostas moralmente adequadas devem ser o resultado de procedimentos justos. Diferentes explicações da justeza ou justiça procedimental exigem coisas diferentes, mas, no mínimo, certos tipos de elementos precisam estar em jogo antes que um acordo sequer tenha chance de ser justo. Para a decisão, todos os participantes do acordo devem ter uma parcela igual de informação relevante e uma compreensão satisfatória dos fatos. O próprio processo de se chegar a um acordo deveria ser aberto e transparente. Deveria haver um tipo de liberdade embutida no processo que garanta que ninguém seja forçado a consentir. Certamente, as partes que já têm ônus demais deveriam saber exatamente onde estão se metendo, e deveriam participar do acordo livremente — é claro que eles têm um discurso justo e participam totalmente dos procedimentos. Em suma, ninguém se aproveita de ninguém; ninguém joga areia nos olhos de ninguém.

CQNUMC e Kyoto

O que o mundo tem feito de verdade sobre a mudança climática? Em virtude dos critérios delineados anteriormente, os esforços governamentais têm sido moralmente adequados?

Em 1992, dois anos depois do primeiro relatório do IPCC, líderes mundiais se encontraram no Rio de Janeiro para o que ficou conhecido como, entre outros nomes, Eco-92. Um acordo chamado "Convenção-Quadro das Nações Unidas sobre Mudança do Clima" (CQNUMC) foi apresentado, assinado e ratificado por mais ou menos duzentos países. Os princípios presentes na convenção são interessantes e familiares.

Por exemplo, a CQNUMC começa reconhecendo o fato da mudança climática e do papel dos seres humanos nela. Depois, em cerca de um terço da primeira página, a convenção reconhece explicitamente que:

> *a maior parcela de emissões globais, históricas e atuais, de gases-estufa se originou nos países desenvolvidos, as emissões per capita dos países em desenvolvimento ainda são relativamente baixas e a parcela de emissões globais originada nos países em desenvolvimento crescerá até atingir suas necessidades sociais e de desenvolvimento (...)*[9]

De certa forma, isso é impressionante porque resulta no reconhecimento de algumas das premissas necessárias em dois argumentos para concluir que o mundo desenvolvido tem responsabilidades maiores para a ação sobre a mudança climática que os países em desenvolvimento.

Com efeito, algo bem próximo dessa conclusão aparece poucas linhas abaixo: a mudança climática clama por cooperação e participação de todos os países "de acordo com suas responsabilidades comuns, porém diferentes, e respectivas capacidades e condições econômicas e sociais". O discurso prossegue, reconhecendo "a necessidade de os países desenvolvidos tomarem uma atitude imediata". O mundo desenvolvido "deveria assumir o comando para combater a mudança climática", abrindo margem para que o mundo em desenvolvimento cresça: "o consumo de energia [dos países em desenvolvimento] aumentará". Esses pontos são apresentados de novo no documento, que também incorpora uma versão do princípio da precaução: "Os integrantes da Convenção deveriam tomar medidas preventivas para (...) minimizar as causas da mudança climática e atenuar seus efeitos adversos". Tudo isso parece estar quase satisfazendo o primeiro e o segundo critério de adequação.

Até mesmo o terceiro critério está praticamente satisfeito. O "objetivo supremo" da CQNUMC é a:

> *estabilização das concentrações de gases-estufa na atmosfera em um nível que evitaria a perigosa interferência antropogênica com o sistema climático. Esse nível deveria ser atingido num período de tempo suficiente que permitisse que os ecossistemas se adaptassem naturalmente à mudança climática, garantisse que a produção de comida não fosse ameaçada e permitisse que o desenvolvimento econômico ocorresse de maneira sustentável.*

A convenção ainda proporciona uma meta mais ou menos específica: os países deveriam, voluntariamente, ter como objetivo um retorno aos níveis de emissões de gases-estufa que tinham em 1990. Também se fala em sustentabilidade, bem

---

9. Essa e outras citações nesta seção são do CQNUMC, disponíveis em www.unfccc.int.

como na importância das gerações futuras, mesmo que não haja justificação específica para se estabelecer as metas em si ou uma consideração concomitante de valor.

O verdadeiro problema é que nada disso é imperativo ou compromete os signatários. Não é fácil avaliar uma proposta para a ação tendo fundamentos morais como base se a proposta, na verdade, não obriga os países a agir. O tratado é apenas um quadro de referências no qual pairam certos princípios. Ele não fixa nenhuma meta ou prazo aos países, mas propõe um trabalho direcionado a algumas coisas no futuro, tendo em vista determinados fundamentos. As metas voluntárias da CQNUMC, por sinal, não fizeram nada além de conter as emissões na década de 1990. Em 2000, por exemplo, as emissões de gases-estufa dos Estados Unidos subiram 14% comparadas aos níveis de 1990.[10] Kyoto é o esforço mais recente na tentativa de fazer algo, de colocar metas obrigatórias aos países. Embora a CQNUMC esteja caminhando para satisfazer os critérios de adequação moral, precisaremos analisar o Protocolo de Kyoto se o que nos interessa é o valor moral dos esforços mundiais em relação à mudança climática.

Desde a aprovação da CQNUMC, houve conferências anuais da entidade. O Protocolo de Kyoto foi apresentado na terceira conferência, em 1997. Os mecanismos do tratado funcionam de tal forma que ele só teria validade se fosse ratificado por pelo menos 55 países industrializados, incluindo os países que passam pelo processo de transição para a economia de mercado, resultando em pelo menos 55% das emissões totais de gases-estufa de 1990. Como é sabido, a Austrália e os Estados Unidos se recusaram a assinar o tratado. Em virtude do montante de 55% e suas emissões gigantescas, o Protocolo de Kyoto quase fracassou por causa da recusa dos dois países. Em 1997, o congresso dos Estados Unidos votou contra a ratificação de qualquer tratado produzido pela ONU que não estabelecesse cortes de emissões sobre os países em desenvolvimento, e também vimos que o governo Bush também argumentou contra o Protocolo. Quando a Rússia finalmente ratificou o tratado, o número de países foi atingido e o Protocolo se tornou uma lei em fevereiro de 2005.

O Protocolo de Kyoto atende diversas finalidades. O que é mais importante, estabelece metas específicas de emissão para os países participantes. O objetivo geral é reduzir as emissões dos países participantes em pelo menos 5% abaixo dos níveis de 1990, e cada país tem sua própria meta. Por exemplo, o Japão deve conseguir uma redução de 6%; muitos países do Leste Europeu têm metas de 8%; outros países, como Noruega e Islândia, têm permissão para aumentar suas emissões; espera-se, ainda, que outros países mantenham os níveis de 1990. Os Estados Unidos decidiram se unir com um objetivo de reduzir 8%, permitindo que alguns países perdessem suas metas para que outros compensassem a lacuna.

---

10. Centro Pew(2007), "Analysis of President Bush's climate change plan", disponível em www.pewclimate.org.

O Protocolo de Kyoto também estabelece um cronograma: as metas devem ser atingidas entre 2008 e 2012. Ele também permite o comércio de emissões: se um país atrasa em sua meta, pode pedir auxílio de outro país que esteja caminhando melhor. Os países desenvolvidos também podem acumular créditos de emissões bancando projetos verdes em países em desenvolvimento (Mecanismo de Desenvolvimento Limpo) ou ajudando outro país desenvolvido a reduzir suas emissões (Projeto de Implementação Conjunta). Espera-se que os países em desenvolvimento se preparem para se juntar às próximas séries de cortes de emissão.

Pergunte-se se tudo isso satisfaz os critérios de adequação moral. Talvez você esperasse um tratado moralmente adequado que impusesse demandas pesadas para reduções de carbono nos países mais responsáveis pela mudança climática, bem como outras demandas nos países que, atualmente, estão em melhor posição de agir. As emissões atuais poderiam se aproximar de uma igualdade com reduções adicionais impostas nos países que, atualmente, emitem mais. O fundamento lógico da ação uniria uma justificação científica com uma moral, ambas levando a sério as necessidades e a sobrevivência das próximas gerações. O processo que serve de base para todo o acordo seria justo.

O Protocolo de Kyoto fez alguma coisa, nada ou tudo isso? Talvez a melhor maneira de responder essa questão seja considerar as metas especificadas pelo Protocolo. As próprias metas individuais não são baseadas em princípios associados à responsabilidade, direitos, capacidades atuais ou sustentabilidade, mas no que muitos têm chamado de "barganha".

Antes de abandonar completamente o Protocolo, a Austrália e os Estados Unidos lutaram arduamente para enfraquecê-lo. Por exemplo, em vez de concordar imediatamente em reduzir as emissões, fizeram pressão para que suas florestas ou projetos de preservação florestal fossem levados em conta em suas metas de emissão.[11] No final, as concessões feitas para a Austrália permitiriam que aumentasse suas emissões em 8% se houvesse assinado o tratado. Os Estados Unidos ganharam o direito de agir como uma única entidade, com uma meta conjunta de emissões de 8%, sabendo que, sem dúvida, essa meta seria muito fácil com a inclusão dos países do Leste Europeu, cujas metas estavam alinhadas com suas economias perturbadas. Depois de 1990, as emissões da Rússia também despencaram, junto com sua economia fragmentada, e parece provável que a Rússia tenha assinado sabendo que podia ganhar dinheiro comercializando licenças de emissão com países incapazes de atingir seus objetivos tão tardiamente. As metas individuais estabelecidas para os países no Protocolo são baseadas no interesse próprio, e não no princípio moral, certamente não no reconhecimento de injustiças do passado ou desigualdades do presente.

---

11. Para relatos legíveis, embora desanimadores, das táticas da indústria de combustíveis fósseis e da administração de Bush, ver Ross Gelbspan (2004), *Boiling Point*, Nova York: Basic Books, e Donald Brown (2003), *AmericanHeat: Ethical Problems with the United States' response to Global Warming*, Lanham: Rowman & Littlefield.

Juntemos a isso uma breve reflexão sobre as exigências de sustentabilidade em aspectos morais e científicos. O Protocolo de Kyoto não oferece nenhum fundamento lógico moral ou científico para sua meta de 5%. A meta não é, de todo modo, fácil de justificar em base nenhuma. Ela é ridiculamente baixa comparada aos cortes gigantescos defendidos por qualquer agente que tenhamos em mente —como vimos, cortes de 60% a 80% nos níveis de 1990 até 2050 estão de acordo com inúmeros raciocínios. Alguns dizem que cortes maiores são necessários até mesmo antes de meados do século. Para os seres humanos, o risco associado às baixas metas do Protocolo de Kyoto sugere que a preocupação com o valor da vida tinha pouco a ver com sua formulação. Mesmo que a análise seja mais precisa, fica difícil perceber como a meta do Protocolo faria sentido diante de qualquer compreensão razoável da ciência climática ou de qualquer concepção satisfatória do valor da vida humana. A meta não tem justificação moral ou científica.

Pense agora no quarto critério, relacionado à justiça procedimental. Está claro que os procedimentos que sustentam o Protocolo são insuficientes, e não justos ou íntegros. Não estou pensando em barganha, mas no fato de que não houve medidas para garantir a igualdade dos protagonistas no processo de desenvolvimento desses procedimentos. É provável que o mundo rico e industrializado tenha reconhecido suas muitas vantagens e as usado para garantir outras —sem dúvida, a custo dos países mais fracos. A palavra "coação" tem sido usada, e você pode pensar também em outras. Um processo certamente não pode ser chamado de "justo" quando os países sobrecarregados com muitos ônus têm pouco a dizer no curso das discussões. Há um sentido em afirmar que os pobres e os fracos, os menos capazes de se adaptar à mudança climática, foram imputados com os piores ônus: marés montantes, seca, quebras de safra, mais doenças, falta d'água etc. Esse fato deveria ter garantido a alguns países um papel muito maior nas negociações, o que não aconteceu.[12]

Mas veja bem —você diria. Talvez falte moral ao Protocolo de Kyoto, mas temos que começar de alguma forma. Costuma-se dizer que o primeiro passo para algo válido, mesmo um passo minúsculo, já é uma suficiente justificativa. O acordo foi necessário para reunirmos a bordo o número desejado de países industrializados para que o Protocolo entrasse em vigor. Deveríamos deixar um pouco de lado as fraquezas morais que sustentam o acordo, porque ele é válido. Agora, temos um quadro de referência para os cortes de emissões. Provamos que o corte pode ser feito, que o mundo pode trabalhar junto na mudança climática. Talvez, os fins justifiquem os meios.[13]

---

12. Provavelmente deveríamos encontrar uma forma de garantir que as futuras gerações também sejam representadas. Ver Joel Feinberg, "The Rights of Animals and Unborn Generations'", em William Blackstone (org.) (1974), *Philosophy & Environmental Crisis*, Atenas, Grécia: University of Georgia Press, e Robin Attfield (2003), *Environmental Ethics*, Cambridge: Polity Press, Capítulo 4.

13. Discussões úteis nessa linha de pensamento podem ser encontradas em: Stephen Gardiner (2004), "The global warming tragedy and the dangerous illusion of the Quioto Protocol", *Ethics and International Affairs*, 18; Elizabeth Descombre (2004), "Global warming: more common than tragic", *Ethics and International Affairs* 18 e Tom Athanasiou e Paul Baer (202), *Dead Heat*, Nova York, Seven Stories Press.

Há diversas tradições dispostas a dizer que, algumas vezes, os fins justificam os meios. É possível desculpar um ato moralmente duvidoso se o próprio ato resultar em algo que valha a pena ser atingido e que não poderia ser alcançado de outra forma. A desculpa, então, tem duas faces: a coisa assegurada, o fim, é algo válido e os meios são a única forma de consegui-la. Às vezes, há um terceiro componente: os meios podem não ser de todo ruins. Ninguém acredita que o genocídio poderia ser justificado por algum fim válido. Outros componentes também podem ser combinados.

Para aceitar esse tipo de visão sobre o Protocolo —de que ele é um meio para um fim válido—, é preciso pelo menos pensar que o fim desejado é mais que provável e que as discussões sobre cortes mais profundos dos países industrializados que estão acontecendo agora têm boas chances de se tornar realidade em virtude desse objetivo. Além disso, é imprescindível ter boas razões para pensar dessa forma; isso não pode ser apenas um devaneio. Do contrário, o Protocolo acaba sendo nada mais que uma ação moralmente inadequada, tomada na esperança mais vazia de que alguma coisa boa resultará dela. É necessário mais que esperança se tivermos a expectativa de ser convincentes. Também é preciso ser verdade que nossos meios duvidosos sejam a única forma de garantir o bom fim que queremos. É preciso ser verdade que o Protocolo de Kyoto foi a única forma de garantir um bom fim futuro de um tratado significativo com cortes substanciais e obrigatórios nas emissões. Há pelo menos outra forma de obter um tratado desse tipo, e isso só para começar. Por fim, é indispensável ter certeza de que o Protocolo de Kyoto não é uma coisa ruim; no entanto, deve ser verdade que o Protocolo resultará em aproximadamente vinte anos de atitude em busca de cortes significativos, e talvez esse seja um erro razoavelmente imenso —um grande dano que nossos governos estão fazendo às pessoas do presente e do futuro. Poderíamos concluir que os governos do mundo inteiro teriam feito muito mais do que fizeram. Nesse caso, talvez os meios simplesmente não possam ser justificados.

Como poderiam ter feito melhor? O que o mundo deveria fazer agora? Há muitas possibilidades.[14] Precisamos limitar o campo de ação.

Dada a incapacidade aparente de satisfazer os critérios de adequação moral, algumas possibilidades serão deixadas de fora desde já. Consideremos, por exemplo, variações da visão categórica de que o *statu quo* deve ser preservado.[15] Podemos argumentar que o consumo passado dá o direito de emitir gases atualmente. Então, todos os países teriam uma razão para reduzir as emissões, mas as distribuições futuras deveriam ser baseadas nas proporções atuais de emissões

---

14. Para um tratamento impressionante e conciso de mais de quarenta propostas, ver Daniel Bodansky et al. (2004), Report for the Pew Center on global Climate Change, "International climate efforts beyond 2012: a survey of approaches", disponível em www.pewclimate.org. Para uma boa interpretação filosófica de muitos tipos de propostas, ver Michael Grubb (1995), "Seeking fair weather: ethics and the international debate on climate change", *International Affairs*, 71, e Stephen Gardiner (2004), "Ethics and global climate change", *Ethics* 114. Os dois contêm bibliografias extensivas.

15. Não sei de alguém que tenha levado essa visão a sério, mas ela é considerada em alguns lugares. Ver H. P. Young e A. Wolf (1991), "Global warming negotiations: does fairness count?", *Brookings Review* 10.2.

por país. Se Cuba é responsável por 1% das emissões atuais, deve ter 1% de emissões futuras, independentemente de qual seja a redução global. Talvez você consiga se convencer disso ao pensar nos direitos dos invasores de terras, ou ainda numa desordem utilitarista que tenha a ver com a prevenção da dor causada pela mudança na vida de pessoas acostumadas ao conforto proporcionado por muitos recursos financeiros. Você também pode se convencer do contrário pensando em três pontos que superam essas considerações:
1- responsabilidade histórica;
2- capacidades atuais;
3- gerações futuras.
A dor de viver sem recursos financeiros, por exemplo, é superada pela dor associada a morrer de fome.

Também deixaremos de lado algumas sugestões que valem a pena analisar em outros contextos. Os critérios que temos se aplicam melhor às propostas abrangentes e completas para a ação sobre a mudança climática, então, são os que vamos considerar. Também há outras teses circulando por aí, sugestões políticas e conversas vazias para lidar com algumas partes específicas das negociações sobre a mudança climática.[16] Discussões desse tipo devem ser julgadas tendo em vista um subconjunto de critérios para a adequação moral, ou deveríamos pensar que é melhor usar todos eles.

Também não vamos analisar outras propostas mistas que contêm elementos que enfatizam mais de um tipo de abordagem.

Consideraremos apenas dois tipos de propostas que, comprovadamente, abrangem muitas outras em curso. A primeira parece satisfazer os critérios de adequação, e a segunda não os satisfaz, mas tem um argumento para isso. Podemos pensar nesses dois tipos como propostas que enfatizam dois itens que, de todo modo, teriam a mesma importância: direitos de emissões como contrários aos ônus associados à ação climática. O contraste pode nos ajudar a entender as propostas mais claramente, bem como nos aproximar de pelo menos um grande dilema relacionado às negociações climáticas, um dilema que deve ser o maior de todos. Não tenho dúvida de que há outras propostas com critérios morais envolvidos, mas começaremos com uma consideração de parcelas *per capita* iguais —e nos fixaremos nessa consideração—, pois parece que ela responde à maioria das nossas questões.[17]

---

16. Por exemplo, Benito Müller dá um exemplo interessante para enfatizar a justeza procedimental.
Ver Müller (1999), "Justice in global warming negotiations: how to obtain a procedurally fair compromise", *Oxford Institute of Energy Studies*, EV26.
17. Misteriosamente, admiro a proposta brasileira, que enfatiza a responsabilidade histórica.
Mas sua ênfase na história torna cega a questão para a importância de outros critérios, mais precisamente as capacidades atuais. Na proposta do Brasil, por exemplo, o Japão fica impune o bastante por causa de sua industrialização tardia, mesmo que seja rico e responsável por uma grande parcela das emissões atuais. O texto da proposta está disponível em www.unfccc.int.
(A versão em português da proposta pode ser encontrada no portal do Ministério da Ciência e Tecnologia, em http://www.mct.gov.br/upd_blob/0006/6721.pdf)

Parcelas *per capita* iguais

Talvez a solução mais óbvia para o problema da alocação das emissões seja também o problema mais fácil de estar em acordo com um sentido ordinário de justiça ou justeza. Pense na verdade de que a capacidade do planeta de absorver as emissões de gases-estufa seja limitada. Se, na verdade, existe um nível de emissões que o planeta supostamente pode suportar sem perigos desnecessários, então as emissões correspondentes àquele nível deveriam ser igualmente divididas. Todos deveriam ter uma fatia igual da pizza planetária.

Singer, por exemplo, argumenta que deveríamos tentar apenas estabilizar as emissões nos níveis atuais. Quando escreveu sobre isso, sustentou que isso resultava em cerca de uma tonelada de emissões de carbono por pessoa por ano. "Dessa forma, isso se torna o direito equitativo para cada ser humano do planeta".[18] Comparando essa taxa com as emissões *per capita* atuais, Singer prossegue e mostra que os países em desenvolvimento têm espaço para crescer, aumentar emissões, posto que sua média atual é cerca de 0,6 tonelada *per capita*. A China, por exemplo, poderia aumentar suas emissões em 33%. O mundo desenvolvido, no entanto, teria de fazer cortes bruscos. Os Estados Unidos teriam de reduzir suas emissões para cerca de um quinto de seus níveis atuais.

Muitos problemas aparecem rapidamente e podem levar a mudanças ou acréscimos à proposta de uma distribuição *per capita* igualitária. Na versão de Singer, o mundo em desenvolvimento deveria "ignorar generosamente o passado" e se focar apenas nas parcelas *per capita* atuais. Ao fazer isso, Singer tem como objetivo tornar a proposta pelo menos levemente agradável aos governos dos países ricos, e logo voltaremos a falar sobre essa ideia. Mas se você estiver convencido de que o primeiro critério da adequação moral é importante, insistirá no papel da responsabilidade moral. Singer fala um pouco sobre isso, argumentando que ter em conta algum tipo de princípio conservador, como um princípio histórico de justiça ou a noção de que os poluidores devem pagar pelo que poluem, deixa o mundo desenvolvido com muito menos que as parcelas *per capita* iguais. Dada a probabilidade de que a perigosa mudança climática antropogênica já esteja acontecendo, pode bem ser que as considerações históricas resultem na conclusão de que o mundo desenvolvido já usou mais que suas parcelas dos sequestradores. Ele não tem o direito a absolutamente nenhuma emissão a mais.

Aqui, deparamo-nos com uma questão particularmente difícil. Como traduzir diferentes tipos ou quantias de responsabilidade em aspectos de uma proposta equitativa para a alocação de emissões?[19] Se interpretarmos as demandas históricas de forma que só possam ser supridas por meio de uma ligação direta com as alocações de emissões, então, teremos um quadro terrível: a insistência de que

---

18. Singer (2002) p.35
19. Para uma discussão interessante, ver Grubb (1995).

o mundo desenvolvido não tem direito nem às emissões de subsistência; que, de certa forma, é correto que as pessoas no mundo desenvolvido morram em vez de usar mais dos recursos do planeta.[20] Talvez esta seja uma *reductio* de pelo menos alguns tipos de interpretações diretas da responsabilidade histórica. Em outras palavras, se as interpretações diretas resultam nessa conclusão intolerável, então, deve haver algo errado com elas. O que precisamos, provavelmente, é de algum tipo de associação indireta, e a sugestão habitual tem a ver com recursos financeiros.

Vejamos uma versão caricaturada dessa situação. Suponhamos que um número seja estabelecido como custo de estratégias de atenuação necessárias no mundo em desenvolvimento, e as contribuições dos países desenvolvidos sejam baseadas em suas respectivas emissões cumulativas e, de alguma forma, em suas capacidades atuais de pagar. Suponhamos, também, que uma verba seja separada para ajuda humanitária, habitação, assistência médica, entre outras, e que seria reservada para os custos de adaptação no mundo em desenvolvimento. Mais uma vez, provavelmente, as contribuições estejam de acordo com a responsabilidade histórica —talvez, os totais de emissões cumulativas se transformem em parcelas de custos. A quantidade de recursos financeiros envolvida certamente seria enorme. Com efeito, grande parte da riqueza acumulada pelos países ricos à custa das emissões de gases-estufa agora fluiria para os países pobres, entre eles, os países que mais sofrerão com os resultados das emissões em si. É uma ligação indireta, mas possivelmente justa.

Se pensarmos um pouco sobre o segundo critério da adequação moral —o critério relacionado com as capacidades atuais—, pode nos ocorrer uma série de problemas práticos com a solução *per capita*. É provável que a população de diferentes países precise de emissões para diferentes atividades. Parte dessas "necessidades" é falsa, mas eu tenho em mente necessidades como as associadas às questões geográficas. As emissões de subsistência, em outras palavras, não são iguais de modo uniforme. Um norueguês comum pode precisar de mais parcelas de emissão que um americano comum, porque a Noruega é mais fria no inverno, e na falta de aquecimento as pessoas congelarão até a morte. Talvez as parcelas de emissões sejam mais altas em um país que tenha recursos para investir em aumento de eficiência. Também é verdade que a população de um país pode exaurir as parcelas de emissões produzindo bens para a população de outro país —às vezes, um país produz e vende energia para outro. Talvez o custo associado com a perda de emissões possa ser embutido no custo final dos bens.

Outra questão prática pode aparecer com a mesma rapidez. Se concordarmos que as alocações de emissões deveriam ser baseadas na quantidade de pessoas, efetivamente encorajaremos algo que complica nossos problemas na Terra: o crescimento populacional. Soluções já foram propostas. Em particular,

---

20. Shue defende a ideia de que as pessoas têm direitos inalienáveis a emissões mínimas necessárias para sobreviver. Ver Shue (1993), "Subsistence emissions and luxury emissions", *Law and Policy* 15, 39-59. Em momentos r uins você pode se perguntar o que fazer se descobrir que as emissões de subsistência não são suficientes.

devemos vincular as alocações aos números populacionais durante um período específico de tempo. Singer, por exemplo, argumenta que as alocações *per capita* deveriam ser baseadas nas estimativas da população futura de um país para evitar a penalização de países com população jovem. Independentemente de como seja feita nossa crítica em relação a tudo isso, alocações *per capita* iguais podem não ser tão simples quanto parecem.

Também podemos encontrar um problema teórico nessa conexão, algo associado ao dever de ajudar os menos abastados. Rawls, por exemplo, argumenta que deveríamos ter boas razões para evitar uma distribuição igual de recursos caso esperemos ajudar os mais pobres.[21] Na verdade, deveríamos ter o dever geral de ajudar os mais pobres, e se atribuirmos um peso muito grande a esse dever, poderemos pensar que as parcelas de emissões *per capita* iguais, embora aparentemente equitativas, na verdade resultam em um tipo de erro moral. Talvez surja a ideia de que qualquer distribuição que deixe os ricos mais ricos e os pobres mais pobres não pode ser justificada, até mesmo uma distribuição *per capita* igual. Até que outras desigualdades sejam abordadas, optar por alocações de emissões simplesmente iguais é, em si, uma coisa errada.

Temos de admitir que esses problemas e preocupações não são objeções fatais para o tema. A opção *per capita* igual certamente é uma possibilidade viva. Uma das versões mais atraentes é chamada "Contração e Convergência" (C&C) e, com toda razão, recebe muita atenção.[22] Como sugere o nome, a C&C é um modelo de duas partes. Governos do mundo todo começam por concordar com alguma meta específica de gases-estufa: um tipo de limite global para as emissões e uma data de quando o limite deve ser atingido. A C&C, dessa forma, pode determinar a rapidez de redução das emissões atuais de modo a atingir a meta. Chegando perto da data limite, as emissões globais convergem para parcelas *per capita* iguais.

A adequação moral dessa proposta específica depende de como suas partes são divididas. O Global Commons Institute, maior defensor da C&C, faz questão de enfatizar o que temos chamado de critério de sustentabilidade: a quantidade de gases-estufa pela qual optamos deve estar ligada ao nosso melhor pensamento científico atual, e deve ser extremamente adverso ao risco. Não se dá uma grande ênfase à responsabilidade histórica, mas certamente a C&C requer custos maiores para reduções mais substanciais e mais rápidas por parte dos países desenvolvidos. Ela satisfaz pelo menos uma boa parte das capacidades presentes e do critério de direitos, mais obviamente porque tem como objetivo emissões *per capita* iguais, mas também porque permite o comércio de emissões. Além de outras coisas, o comércio de emissões tende a estreitar a lacuna entre os ricos

---

21. John Rawls (1999), *A Theory of Justice*, Cambridge, MA: Harvard University Press.
22. Ver Aubrey Meyer (2001), *Contraction and Convergence*, Totnes: Green Books, e os vários relatos e propostas do Global Commons Institute disponíveis em www.gci.org.uk.

e os pobres. Por fim, a C&C é, pelo menos, um grande caminho na direção da justeza procedimental. Enraizada na noção de que o acesso à atmosfera é igual para todos, descarta-se tanto a possibilidade de barganha como de coação. De um ponto de vista moral, a C&C é extremamente atraente.

Ônus comparáveis

A ideia de que os países desenvolvidos deveriam ter algumas concessões simplesmente para fazer parte do grupo já veio à tona duas vezes. Nós a consideramos como uma resposta possível às falhas morais do Protocolo de Kyoto. Singer também sugere que os países em desenvolvimento devem olhar amplamente para o passado, e parece provável que a atenção seletiva desse tipo seja tomada na esperança de que os países ricos possam concordar com as parcelas *per capita*. Eu argumentei que esse tipo de coisa não serve como desculpa para o Kyoto, mas nada do que disse anteriormente exclui a possibilidade de que certas concessões possam ser válidas de um ponto de vista moral. A razão, e o problema, é que as demandas morais podem entrar em conflito algumas vezes.

Nada seria mais fácil que simplesmente abandonar as propostas que são inadequadas de alguma maneira, mas acho que ainda é cedo. Há uma desordem conceitual em qualquer reflexão honesta sobre a coisa certa a fazer, e essa desordem pode nos fazer pensar sobre como determinamos nossos valores. Alguns casos são mais fáceis que outros. Se um assassino vai até sua casa e insiste para que lhe empreste o machado, você deveria mentir e dizer que não o tem? Não é preciso pensar muito para concluir que a veracidade é importante, mas as vidas humanas são mais. Nessas circunstâncias, a coisa certa a fazer é mentir.

Se uma grande parte do mundo desenvolvido não concordar em agir na mudança climática a não ser que as emissões históricas sejam amplamente ignoradas, seria correto ignorá-los? Note-se que essa não é uma questão sobre praticidade ou "o que é realista", mas uma questão moral sobre a coisa certa a fazer. Como vimos, as considerações morais podem sobrepujar todos os tipos de considerações práticas e econômicas. Estamos preocupados, agora, com: existe uma razão moral para ignorar as desigualdades do passado? É provável que haja um conflito entre dois dos nossos critérios: responsabilidade histórica e sustentabilidade. Como os avaliamos?

Há princípios que sustentam os dois critérios, e refletir um pouco sobre como eles podem nos ser úteis é bom. Ideias sobre responsabilidade histórica dependem de coisas como o Princípio do Poluidor-Pagador, bem como da conexão entre responsabilidade causal e moral que parafraseamos no capítulo 3 da seguinte forma: "quebrou, pagou". Ideias sobre sustentabilidade são mantidas pelo valor de muitas vidas presentes e muitas outras futuras. Esse último valor, acredito, importa mais que a responsabilidade causal. É uma escolha estranha, mas se ela fosse a única maneira de um compromisso sério e significativo por parte dos maiores poluidores do mundo, deveríamos escolhê-la?

Essa linha de pensamento pode levar à visão de que deveríamos enfatizar algo que não seja as parcelas de emissões *per capita* iguais, algo que não colocaria todo o peso, ou quase todo, nos países ricos do mundo. Em vez disso, deveríamos pensar em exigir algo mais atraente dos ricos: custos marginais iguais, ônus parecidos ou uma divisão justa das tarefas associadas ao trato das mudanças do nosso clima e à alteração do uso de energia.

Traxler encara o problema da mudança climática como um problema dos bens comuns, que, como vimos, é caracterizado por fortes motivações contra a cooperação para atingir um objetivo comum. Se todos perceberem que estão contribuindo igualmente para atingir um objetivo compartilhado, o incentivo para se agir de modo egoísta poderá ser reduzido e a cooperação poderá se tornar mais provável. Para Traxler, parcelas igualmente onerosas são definidas em termos de custo de oportunidade. Ele argumenta que o custo de oportunidade "mede a diferença em retorno (para o país em questão) do uso de seus recursos para lidar com a mudança climática, em vez do uso de outras formas benéficas ou supostamente mais lucrativas. Esse é o fardo que um país carrega: a oportunidade de melhoria que ele perde."[23] Sendo assim, a parcela dos ônus de cada país associada à ação sobre a mudança climática é igualmente dolorosa para cada nação, ainda que os próprios custos, em termos monetários, sejam bem diferentes.

Há três vantagens nessa proposta, segundo Traxler. Em primeiro lugar, como a visão ignora as injustiças passadas, evita a recriminação e a malevolência; por isso, ela tem uma grande chance de levar a um acordo. Além disso, ele argumenta que se tivéssemos de explicar as histórias das emissões e traduzi-las em alocações, teríamos de concordar amplamente sobre o que constitui a justiça distributiva internacional. Ele duvida que "um acordo desse tipo possa ser feito na nossa época" e, dessa maneira, conclui que levar a história a sério resulta em adiar indefinidamente a ação sobre a mudança climática.

Se isso for verdade, então, teremos um enorme conflito entre a responsabilidade histórica e a sustentabilidade; no entanto, conforme mostra Gardiner de forma persuasiva, não há motivo nenhum para pensarmos que uma análise completa da justiça internacional seja necessária antes do início das negociações, ou até mesmo que os cortes possam ser implementados.[24] Também é possível questionar se ignorar a história pode evitar a malevolência, como sugere Traxler, ou conduzir diretamente para ela. Deve haver muita má-fé, mais nitidamente no Brasil, se escolhermos ignorar o passado. É preciso exigir alguns compromissos, mas por que forçá-los a favor dos ricos?

---

23 Martino Traxler (2002), "Fair chore division for climate change", *Social Theory and Practice*, 28.1
24 Gardiner (2004), p. 583.

Em segundo lugar, Traxler argumenta que a noção de tarefas justas pode possibilitar um tipo de suposição de fundo a favor da justeza como tal. Ela pode ajudar os países mais fracos a ter uma oferta melhor, porque todos podem ver, desde o início, a injustiça dos outros barganhando resultados. No entanto, é desnecessário dizer que quatro outros critérios de adequação moral fariam praticamente a mesma coisa — e talvez até melhor. Certamente eles também forneceriam um quadro de referência para garantir um negócio justo para todos. Além do mais, se ajudar os países mais fracos é importante, se isso é o que parcialmente torna atraente as tarefas justas, então, a importância das emissões históricas também importa, não é?

Em terceiro lugar, e mais importante para Traxler e para nós, a divisão justa de tarefas não confere razões mais fortes a nenhum país para que ele se afaste do esforço cooperativo em comparação aos outros países. Isso, argumenta ele, "colocaria o maior peso moral possível em todos os países para que façam sua parte". Se todos tiverem de arcar com pesos dolorosos na mesma proporção, e se todos puderem ver que o peso de todos é o mesmo, então, a defecção será muito menos provável do que seria se, digamos, os países ricos fossem forçados a cortes extremos enquanto os pobres continuassem emitindo desordenadamente. A política da divisão justa de tarefas, admite Traxler, "continua sendo moralmente problemática para negligenciar as desigualdades do passado", mas ela "promove uma melhor cooperação internacional".

O que fazer com esse pensamento? Deixemos de lado a possibilidade de que Traxler esteja errado sobre o fato de as tarefas justas serem a melhor chance para a cooperação internacional e suponhamos que, em prol da argumentação, ele esteja certo.[25] Suponhamos que seja verdade que um acordo moralmente problemático seja a melhor esperança para a ação significativa na mudança climática. Não precisamos de muito esforço para supor isso. É totalmente possível que os Estados Unidos assinassem o Protocolo de Kyoto se o mundo em desenvolvimento houvesse concordado com algo moralmente problemático, a saber: cortes de emissões imediatos e obrigatórios. Os países poderosos realmente insistem nas metas do Protocolo que não tinham nada a ver com sustentabilidade, responsabilidade ou capacidades atuais. E se fosse descoberto que a única maneira de atingir a cooperação internacional fosse estabelecer um acordo moralmente problemático?

Como já disse, se há um conflito entre a sustentabilidade e outros critérios, nesse caso a responsabilidade histórica, entendo que a sustentabilidade deve prevalecer. Não tenho um argumento arrebatador para essa conclusão, mas o que me incomoda é com o que ficaremos se a negarmos. Suponhamos, por outro lado, que dizemos que a coisa certa a fazer é se prender ao princípio, mesmo que isso signifique não chegar a nenhum acordo para uma ação significativa

---

25. Para bons argumentos contra a afirmação de que a versão de Traxler fornece a melhor chance de cooperação, ver Gardiner (2004).

sobre a mudança climática. Talvez, essa seja uma posição admirável, até o momento em que pensamos um pouco sobre as pessoas que vão sofrer, as que virão depois de nós e serão lançadas em um mundo insustentável, bem como aquelas que já estão sofrendo e teriam algum alívio, ainda que por meio de um acordo problemático. Se quisermos, podemos morrer por nossos princípios, mas será que podemos realmente sustentar que os outros também morram em virtude deles?

Talvez haja uma saída, mas é difícil encontrar uma forma de nos satisfazermos quanto a isso. A razão que os negociadores devem ter para se conformar com um acordo que não chega a ser moralmente satisfatório tem um pouco a ver com preocupações sobre defecção. Traxler, por exemplo, argumenta que o problema de se alocar os custos associados à mudança climática é agravado pelo fato de não existir um grupo de inspeção, uma autoridade supranacional que garantisse a anuência. A divisão justa de tarefas, diz ele, "promove melhor a cooperação internacional na ausência de uma autoridade supervisora". Se os governos tivessem de se ater aos acordos, honrar suas obrigações e reconhecer as responsabilidades morais, talvez não tivéssemos de aceitar acordos moralmente dúbios. Talvez a anuência acabe sendo imposta aos governos obstinados. Se um governo não acreditar que as demandas morais são exigentes demais, então, poderemos pensar que Hobbes estava certo: pactos sem espada não passam de palavras. Precisamos é de força.

As sanções são um tipo de palavra que costumam surgir nessa conexão — há outras, muito piores e mais problemáticas, que deixaremos de lado. Singer nota que os países se uniram no passado pelos mecanismos da ONU, e impuseram sanções em um país precisamente porque ele fez ou continuou fazendo algo antiético.[26] Há embargos comerciais, alienações, várias formas de boicote cultural e outros tipos parecidos de protesto. O exemplo de Singer cita a África do Sul sob o regime do *apartheid*. Muitas pessoas concordam que as sanções contra a África do Sul foram corretamente justificadas. Dado esse fato, o que Singer diz é notável:

> com toda certeza, o exemplo das sanções contra uma nação que está causando danos, muitas vezes fatais, aos cidadãos de outros países é ainda mais forte que o exemplo das sanções contra um país como a África do Sul, sob o regime do apartheid, *posto que aquele governo, perverso como seus policiais, não era uma ameaça para os outros países.*

Se as sanções contra a África do Sul fossem consideradas apropriadas, a imposição de sanções contra um país que não encara suas responsabilidades no que se refere à mudança climática seria ainda mais justificada. A África do Sul

[26] Singer (2002), p. 50.

prejudicou apenas uma parcela de seu próprio povo. Um país que ignora as demandas de sustentabilidade contribui com o prejuízo das pessoas do mundo inteiro, contribui para as secas e quebras de safra, bem como para o destino das pessoas que morrem de fome neste momento e que morrerão no futuro. Não precisamos prolongar demais para afirmar que as sanções não são apenas justificadas, como também necessárias.

Os esforços de um país que se comporta de maneira antiética e as medidas tomadas por sua população também são um tipo de pacto sem espada.

❖

❖

Capítulo 6

Escolhas individuais

> *Qualquer um pode se zangar. Isso é fácil. Mas se zangar*
> *com a pessoa certa, na medida certa, no momento certo,*
> *pelo propósito certo e da maneira certa, além de não ser fácil,*
> *não é da competência de qualquer um.*
> Aristóteles

A maior parte deste livro tratou da Ética da mudança climática e de grupos de pessoas, como governos, Estados ou ainda grandes corporações. Agora, nosso foco será mais restrito à ética da mudança climática e os indivíduos. Fala-se bastante na literatura filosófica e em outras áreas sobre as demandas morais da mudança climática, mas quase nada do que se diz tem a ver com as demandas morais impostas sobre nós, consideradas individualmente. O que se costuma encontrar, em livros mais conhecidos e em outras discussões direcionadas ao público em geral, é uma ideia ou um capítulo final que explica "como podemos salvar o planeta", talvez fazendo reciclagem ou usando lâmpadas fluorescentes, certamente diminuindo nossa "pegada" de carbono de várias maneiras. Eu acredito que tenhamos a obrigação moral de fazer todas essas pequenas coisas e outras ainda maiores. Acredito que nossa vida precisa mudar, talvez até radicalmente, dependendo da vida que levamos. Mas não acho que possamos salvar o planeta. Chegaremos a essa hesitante conclusão no momento oportuno.

Enquanto isso, precisamos transitar entre ideias sobre as demandas morais impostas nos governos e ideias sobre o *status* moral das escolhas feitas pelos indivíduos. Há um caminho óbvio, embora desconfortável, que tomaremos até lá.

• • •

Consistência (novamente)

Muitos dos maiores poluidores do mundo têm registros estarrecedores quando se trata de fazer algo sobre a mudança climática. Os Estados Unidos, por exemplo, estão sendo bastante pressionados moralmente para tomar uma atitude; no entanto, fizeram muito pouco, se é que fizeram algo, para atenuar suas emissões ou ajudar a parcela pobre de sua população ou de outros lugares a se adaptar à mudança climática. Parte da resposta recente às diversas falhas dos americanos nessa relação consiste no ultraje moral.[1] É difícil pensar nesse ultraje como algo mal colocado ou sem fundamento, mas que argumentos lhe servem de base? Já falamos um pouco sobre isso, mas não será de todo ruim voltar brevemente a alguns fundamentos nos lugares adequados.

Primeiramente, o ultraje moral frente aos Estados Unidos tem a ver com a relação entre a emissão de carbono do país e sua obrigação em agir. Os americanos, com menos de 5% da população do planeta, são responsáveis pela maior parcela de emissões de dióxido de carbono por país a cada ano: 24% das emissões globais, ou 5,8 bilhões de toneladas.[2] Tem sido assim durante algum tempo. Para se ter ideia de como isso é extremamente desproporcional, note-se que a China é a segunda da lista, com 14,5% das emissões ou 3,3 bilhões de toneladas. Enquanto pensamos na questão, devemos ter em mente que a população da China tem cerca de um bilhão a mais de pessoas que os Estados Unidos. Depois, os números caem drasticamente, com a Rússia registrando 1,4 milhão de toneladas, ou cerca de 5,9% da parcela de emissões totais de carbono do planeta.

Anteriormente, consideramos os detalhes da demanda moral para a ação, mas, agora, pense simplesmente na seguinte frase, sem maiores julgamentos: se os Estados Unidos são responsáveis pela maior parcela das emissões de carbono, e se estas estão relacionadas aos efeitos adversos da mudança climática, então os Estados Unidos têm a maior obrigação de tomar uma atitude imediata em relação à mudança climática. O fato de o país ter feito tão pouco, dado seu *status* de maior poluidor, é parte da fonte do ultraje moral.

Uma outra parte tem a ver com o que chamamos de "capacidades atuais", e depende da afirmação de que os Estados Unidos devem fazer algo sobre a mudança climática porque estão em melhor posição para fazê-lo. Há dois aspectos a se considerar nesse pensamento. Primeiro: uma porcentagem alta das emissões dos Estados Unidos, quando comparada à emissão dos países do mundo em

---

1. A maior parte dos registros estarrecedores e das expressões de raiva aparecem nos artigos de jornal, mas também em alguns livros recentes. Para começar, ver Ross Gelbspan (2005), *Boiling Point*, Nova York: Basic Books e (1998) *The Heat is On*, Reading, MA: Perseus Books; George Monbiot (2006), *Heat*, Londres: Penguin Books; e em tom mais comedido, Elizabeth Kolbert (2006), *Field Notes From a Catastrophe*, Nova York: Bloomsbury.
2. Todos os dados desta seção são da Divisão de Estatística das Nações Unidas, disponíveis em www.unstats.un.org.

desenvolvimento, são emissões de luxo. Os Estados Unidos têm possibilidade de cortar suas emissões. Segundo: o país também está em uma posição favorável para fazer algo de forma prática. Os Estados Unidos são a única superpotência mundial. Eles têm a inteligência, a força econômica e os recursos gerais para realizar muitas ações em relação às emissões de carbono. Apesar dessas circunstâncias, eles não fizeram quase nada para desacelerar a mudança climática, ou para se adaptar a ela, em vez disso, fizeram o bastante para exacerbá-la.

Outra fonte de ultraje moral permearia as opiniões que eles se tornariam cada vez mais potentes se surgirem, de fato, tratados internacionais mais fortes que o de Kyoto. A objeção tem a ver com alguns países que caminham para reduzir emissões, e, por isso, sofrem algum tipo de desconforto ou prejuízo a curto prazo, enquanto os Estados Unidos buscam seus benefícios e interesses de curto prazo da mesma maneira.

A linha de raciocínio por trás disso tudo não parece muito distante de algumas versões das objeções "oportunistas". Ela pode assumir várias formas, sendo que todas estão arraigadas no nosso pensamento sobre o certo e o errado. Talvez seja apenas a visão de que chegar a algum lugar sem contribuir com nada —principalmente quando os outros contribuem— é errado. Ou talvez ela dependa de um princípio sutilmente diferente: é errado buscar o interesse próprio enquanto os outros buscam o interesse do grupo a algum custo. Seria mais ou menos algo do tipo: obter alguma coisa à custa do sacrifício involuntário dos outros é errado. O erro depende de outra concepção de justeza ou justiça, ou é provável que tenha mais a ver com o fato de tratar os outros simplesmente como um meio.

Outras fontes de ultraje moral são possíveis —estamos ignorando ideias sobre sustentabilidade, ecossistemas e outras formas de vida por enquanto—, mas já temos o suficiente para chegar a uma conclusão preocupante. Eis a dificuldade. Se você considera a negligência dos Estados Unidos moralmente ultrajante, é provável que considere suas próprias negligências na mesma relação moralmente ultrajantes. Tente não se esquivar da ideia ou levá-la para o lado pessoal. Se fizer assim, isso o impedirá de considerá-la seriamente. Além do mais, não é só você, mas eu e todos que vivem numa sociedade de alto consumo de carbono.

A moralidade, como vimos no capítulo 2, insiste em um tipo de consistência humana. Uma parcela justa de protestos nas questões morais resulta na ação de apontar inconsistências no pensamento do oponente. Se adotarmos qualquer um dos argumentos anteriores, a consistência poderá exigir que cheguemos à conclusão de que nosso próprio comportamento também é um tipo de ultraje moral.

De acordo com a primeira linha de raciocínio, encontramos certamente defeitos na falta de ação dos Estados Unidos perante a mudança climática porque o país é responsável pela maior parcela global de emissões, embora faça muito pouco em relação ao assunto. Na verdade, é provável que suas atividades resultem em uma parcela altamente desproporcional de emissões de gases-estufa quando comparada à maioria dos outros indivíduos no planeta. Podemos pensar nisso de maneira histórica ou em termos de emissões atuais. Se você mora nos Estados Unidos, suas atividades anuais resultam em mais de vinte toneladas de dióxido de carbono, mais ou menos; os australianos contribuem com dezenove toneladas *per capita*; os canadenses emitem cerca de dezoito toneladas por ano, e os ingleses são responsáveis por mais ou menos 9,5 toneladas. Em uma lista de 211 países ordenada de acordo com as emissões de carbono *per capita*, os americanos estão em 11.º, os australianos em 12.º, os canadenses em 13.º e os ingleses em 38.º. As pessoas que vivem nos últimos 73 países, quase metade dos países na lista, emitem menos que uma única tonelada de dióxido de carbono por ano. Alguns são responsáveis por níveis imensuráveis de gases-estufa. Nossas emissões individuais provavelmente são maciças se comparadas às de muitos indivíduos que vivem em países que ocupam o final da lista. Talvez não tenhamos feito muito a respeito, não tenhamos tomado atitudes para reduzir drasticamente nossas emissões de carbono. Na verdade, poucos fizeram.

A segunda linha de pensamento —os Estados Unidos deveriam agir contra a mudança climática porque ocupam uma melhor posição para fazê-lo— talvez também seja condizente com seu caso. Se você está lendo este texto, deve ser estudante ou professor universitário, talvez um estudante já graduado, ou pelo menos alguém que se interessa por Ética. É provável que você seja mais inteligente [ou mais preocupado com o rumo da sociedade atual] que a maioria das pessoas do planeta. Se tudo isso for demais, então é provável que, pelo menos, você tenha recebido uma educação formal por mais tempo que a maioria das pessoas. Certamente, você tem mais experiência que o suficiente para pesquisar e colocar em prática os passos necessários para reduzir suas emissões e contribuir para evitar ou atenuar a mudança climática. Você é inteligente o suficiente para fazer o que deve ser feito.

Também é possível que você tenha mais poder econômico que a maioria das pessoas no planeta. Você pode investir mais em aparelhos eficientes, lâmpadas fluorescentes compactas, uma bicicleta —talvez tenha recursos para instalar uma caldeira de condensação ou um micromoinho. Talvez tenha mais tempo livre que alguém que planta para comer, e então você poderia agir de todas as formas, se quisesse. Provavelmente você também não queima combustíveis fósseis para sobreviver ou tem um número grande de emissões consideradas de luxo que poderiam ser cortadas sem muito desconforto. Comparado à maior parte da população do planeta, você está em uma posição excepcionalmente privilegiada para poder fazer alguma coisa em relação às suas emissões de gases-estufa.

A terceira linha de raciocínio também pode se aplicar a você, embora eu reconheça que se trate de um argumento mais difícil de defender. A dificuldade reside no componente temporal ligado aos benefícios. Os benefícios advindos da redução podem não ser visíveis durante algum tempo. Mesmo assim, se você comparar seu comportamento com o de algumas pessoas no mundo, pessoas que estão se sacrificando para cortar emissões enquanto você não consegue, terá razões para se mexer na cadeira. Se pensar nas gerações futuras que terão de cortar excessivamente suas emissões porque nós não estamos cortando as nossas agora, você se mexerá mais ainda. Estamos aproveitando os benefícios do gasto ilimitado de energia enquanto outros controlam ou controlarão seus próprios desejos pelo bem comum. Como vimos anteriormente no caso dos Estados Unidos, acredito que a força dessa objeção, conforme se aplica aos indivíduos, tornar-se-á mais convincente à medida que mais pessoas se sacrificarem seriamente para reduzir suas "pegadas" de carbono.

O que fazemos com esses pensamentos desagradáveis? Eu sei, tanto quanto você, que indivíduos não são Estados, e sei, desde que li a *República*, de Platão, que é fácil errar quando comparamos os dois. Não estamos fazendo nada disso aqui. Não se trata de um argumento por analogia. Trata-se de um pedido para que nosso pensamento seja consistente, provavelmente uma atitude das mais legítimas que você poderia ter num debate sobre a ação correta e incorreta. Em poucas palavras, se acharmos que o comportamento dos Estados Unidos ou de algum outro país é moralmente ultrajante, e os princípios operantes em nosso pensamento sobre a questão se aplicarem também a nós, então, também acabaremos considerando nosso comportamento moralmente ultrajante.

Mas ultrajante até que ponto? Tomar um banho muito demorado é moralmente errado? Fazer nada em relação a uma casa sem proteção é algum tipo de mal? Estamos cometendo um erro moral ao viajar longos trajetos de avião para passar férias em lugares distantes? É errado comer morangos importados de outros países? É pecado tomar banho quente e demorado? Tenho dificuldades para me convencer da visão de que meus erros individuais têm o mesmo peso que os erros dos Estados Unidos ou de grandes empresas como a Exxon [ou a British Petroleum (BP) para citar um tema de agora]. Provavelmente, minha dificuldade está enraizada nas diferentes grandezas do dano: os danos que causo em minha vida cotidiana comparados aos danos enormes dos Estados Unidos ao não reduzir suas emissões — os efeitos dos meus são menores.

Preocupa-me o fato de a grandeza dos danos ser a única diferença relevante. Um lago cheio de água e uma xícara cheia de água estão cheios da mesma coisa. Talvez, tanto a minha falta de ação quanto a dos Estados Unidos sejam o mesmo tipo de erro, o mesmo em espécie, diferente apenas na magnitude. É possível pensar que minha falta de ação diante do alto consumo de carbono do meu estilo de vida seja realmente um ultraje moral. Assumir a ideia por completo não é fácil. Encontrar uma forma de agir é ainda mais difícil.

• • •

Barreiras psicológicas

A essa altura —depois de ouvir muitas considerações sobre a mudança climática, o papel dos seres humanos nela e as demandas morais associadas a essa questão—, você deve estar se perguntando por que tão pouco foi feito. Eu, certamente, não quero simplificar demais, reduzindo uma questão complexa a apenas um ou dois princípios explicativos. Podemos deixar a explicação social ou psicológica de nossa inação individual ou coletiva para os outros. O que nos interessa, do ponto de vista psicológico, são os argumentos, as justificações racionais para o que deveríamos fazer em relação ao assunto. Mas quando você toma uma bebida e conversa sobre a mudança climática com pessoas realmente ativas, quando acompanha debates na mídia e em outros lugares, o que vê não são argumentos. O que você encontra, o tempo todo, não são razões expostas para posições cuidadosamente articuladas, mas algo mais próximo dos mecanismos psicológicos de defesa. O que você encontra, na verdade, é negação.

Não tenho a pretensão de vascurlhar demais na literatura sobre coisas como negação, dissociação, repressão e afins —sinta-se à vontade para consultá-la se a considerar interessante. No entanto, é fato, em algumas áreas, que a mente humana é, entre outras coisas, frágil. Sem reflexão, bloqueamos ou ignoramos os fatos que nos causariam dor, talvez prestando atenção seletivamente a isso e não àquilo. Ao agir assim, somos capazes de evitar o conflito interno ou talvez só a dor de encarar as coisas como elas são. Uma das conclusões que estamos evitando, provavelmente acima de todas as outras, é uma conclusão pessoal: eu devo mudar minha vida confortável.

Hillman elenca e analisa dez desculpas para a inatividade, e todas são familiares a qualquer pessoa que tenha refletido e debatido um pouco sobre a mudança climática.[3] Veremos cada uma delas, bem rapidamente, com o objetivo de avaliá-las como parte dos argumentos pessoais para a conclusão de que nenhuma ação sobre a mudança climática seja necessária. Você perceberá de imediato que algumas dessas desculpas parecem nada mais, nada menos, que expressões brutais dos mecanismos psicológicos de defesa. De todo modo, essa é a interpretação benéfica. Se, na verdade, estivéssemos lidando com argumentos ou premissas, eles seriam exemplos tão ruins que seria difícil perceber como alguém os poderia levar a sério.

As dez desculpas elencadas por Hillman são as seguintes:

1. "Eu não acredito na mudança climática." Às vezes, as pessoas se prendem, suspirando de alívio, a uma única informação duvidosa sobre manchas solares ou o trabalho fictício de um escritor popular. É difícil pensar nesses tipos de afirmações como não sendo nada além de uma simples negação, uma recusa em aceitar os fatos estabelecidos;

---

3. Mayer Hillman (2004) *How We Can Save the Planet*, Londres: Penguin Books, pp. 54-62.

2. "A tecnologia será capaz de deter a mudança climática." O que vimos como apenas um simples devaneio no capítulo 4 pode realmente ser algo mais: otimismo enraizado numa tendência psicológica de não enfrentar o doloroso fato de que a vida tem de mudar. O devaneio não é crença fundamentada;
3. "Eu culpo o governo, os Estados Unidos, a China." Os psicólogos falam bastante em projeção, uma transposição das características indesejadas do sujeito para outra pessoa que ele pode denunciar sem medo ou censura. O fato de os outros estarem fazendo errado não é motivo para a inação de sua parte, se o que você é capaz de fazer também é errado;
4. Vários *ad hominems* dirigidos contra os que clamam pela ação. Hillman usa a expressão "atirar no mensageiro", mas os filósofos chamam esse tipo de coisa de *argumento ad hominem*, um tipo de falácia informal em que "o homem", e não o argumento, é atacado. Há um tipo de antiambientalismo inteligente, que precisa ser morto, e é mais bem caracterizado por chamar a atenção para alguma hipocrisia na vida da pessoa que argumenta a favor da ação sobre a mudança climática. ("Mas você escreveu aquele livro no papel. Você matou as árvores!") As afirmações sobre a pessoa podem até ser verdadeiras, mas elas não têm ligação nenhuma com a verdade ou a falsidade de suas conclusões;
5. "Não é problema meu." Essa não passa de uma dissociação clara e direta, um mecanismo pelo qual o sujeito se distancia de uma conclusão dolorosa. Costumamos ouvir as pessoas dizerem que estarão mortas quando a mudança climática acontecer, mas é óbvio que ela já está acontecendo. Ela já é problema nosso;
6. "Não há nada que eu possa fazer sobre isso." Vista apenas sob uma perspectiva, essa afirmação é claramente falsa. A forma como uma pessoa vive sua vida ou usa energia já é fazer alguma coisa sobre a mudança climática —talvez, contribuir com ela. No entanto, há versões mais pesadas dessa ideia —consideramos uma delas, a preocupação de Blair, no capítulo 4. Falaremos sobre outros aspectos disso quando refletirmos sobre consequências, logo adiante;
7. "O modo como levo minha vida é problema meu." Essa desculpa tem diversas formas. Talvez você já tenha ouvido uma delas: a afirmação mais antiga de Bush, de que "o estilo de vida americano não está aberto a negociações". Há todos os tipos de afirmações menores sobre as necessidades artificiais nas vidas cotidianas, a ideia de que uma pessoa "não pode" viver sem seu telefone celular ou "tem de usar o carro" porque o transporte público não é confiável o suficiente. O modo como uma pessoa vive sempre diz respeito a ela, a não ser que seu modo de vida tenha efeitos nocivos sobre os outros. Vidas irresponsáveis de alto consumo têm consequências além da satisfação de curto prazo dos indivíduos;

8. "Há problemas mais importantes e urgentes para enfrentar." Essa afirmação pode ser verdadeira, mas eu precisaria ouvir um argumento a favor dela. De todo modo, trata-se de um tipo de má orientação. Com certeza, não há nada que nos impeça de fazer alguma coisa em relação a mais de um dos problemas do mundo;
9. "Pelo menos, eu estou fazendo algo." Isso é dito por recicladores bem-intencionados e por aqueles que afirmam fazer mais que a maioria das pessoas em relação à mudança climática. Certamente, é difícil sermos críticos diante desse tipo de desculpa, mas, em muitos casos, essas atividades são apenas mudanças marginais ou minúsculas, apenas esforços que servem de consolo para o próprio agente ou para desencargo de consciência. Fazer algo sobre a mudança climática provavelmente é algo que exige muito mais do que pequenas mudanças na vida;
10. "Já progredimos bastante em relação à mudança climática." Conflitos internos podem ser resolvidos, às vezes, concentrando-se nas características positivas de um problema e ignorando o que seriam dificuldades notórias em outros contextos. É um tipo de prestidigitação favorecida por alguns políticos. Escutamos um ou dois fatos exagerados sobre carros que consomem menos combustível, e isso pode nos desviar do fato de que as emissões, em geral, ainda estão em alta, mais estradas estão sendo construídas e mais carros estão em circulação.

Muitos desses mecanismos são mencionados em um estudo feito por Stoll-Kleemann em parceria com outros autores.[4] Eles identificam um número grande de diferentes tipos de negação que confundem nossos pensamentos sobre a ação diante da mudança climática. Deslocamos ou mudamos nossos comprometimentos, alegando que protegemos o ambiente de um jeito enquanto o danificamos de outro. Negamos a responsabilidade e a culpa apontando outras causas maiores da mudança climática. Declaramos ignorância ou evitamos pensar sobre ela, muitas vezes reforçando bons pensamentos sobre nós mesmos ao dizer que refletir sobre a destruição do planeta é doloroso demais para nós. Afirmamos não ter poder, dizemos que nossos atos são inconsequentes ou que o que fizermos não fará diferença, seja lá o que for. Elaboramos restrições e impedimentos, conseguimos fazer algo parecer muito pior do que seria.

Stoll-Kleemann argumenta que essas barreiras são reforçadas por quatro tipos de abordagens ou opiniões gerais que temos sobre a mudança climática em si. Há uma relutância geral em mudar certos hábitos, certos modos de vida, principalmente quando estão ligados ao sentido de identidade do indivíduo. Embora os autores não mencionem isso, sinto que uma vida inteira de exposição

---

4. S. Stoll-Kleeman, Tim O'Riordan e Carlo C. Jaeger (2001), "The psychology of denial concerning climate mitigation measures: evidence from Swiss focus groups", *Global Environmental Change* 11, pp. 107-17.
Há uma boa discussão sobre o assunto em Lynas (2007), *Six Degrees*, Londres: Fourth Estate, pp. 282-8.

a determinado tipo de publicidade que une quem queremos ser ao que gostaríamos de comprar faz parte dessa abordagem de uma recusa à ação. Há, também, a fé ou esperança geral em algum tipo de solução rápida, tecnológica ou administrativa, e essa esperança é difícil de abalar. Há uma preocupação de que a ação individual sobre a mudança climática envolverá custos para o indivíduo, mas benefícios somente para os outros —um tipo de eco da tragédia dos bens comuns. Finalmente, pelo menos para alguns, há uma desconfiança geral no governo, ou a ideia de que ele não vai agir como promete ou que usará a mudança climática para impor mais impostos ou diretivas políticas que são de seu interesse por outras razões.

Vale notar que nenhuma dessas estratégias, mecanismos ou abordagens é um argumento. Nenhuma delas vale como razão fundamentada, ou justificação, para nossa inatividade. Dada a importância de encontrar justificações para nossas crenças morais, tudo isso deve ser evitado e deixado de lado bem rápido quando tentamos pensar claramente sobre o que fazer.

Ação individual

O pedido de consistência feito anteriormente, no que se refere ao ultraje moral que o sujeito sentiria em relação à mudança climática e os governos, seria um tipo de argumento para a ação por parte do indivíduo. Ele seria ao menos um estímulo para o argumento, talvez uma indicação de que é necessária uma maior reflexão sobre a própria vida. Se essa reflexão for justificada, como viria a ser? Não podemos fazer nada além de apontar algumas respostas no espaço que temos aqui. Precisaríamos de alguns livros para esmiuçar a questão cuidadosamente, mas não há mal nenhum em, pelo menos, sinalizar o que parece ser a direção correta. O objetivo, agora, não é impor uma conclusão, mas direcionar você para algumas conclusões sobre sua própria vida para que as elabore por conta própria.

Viver deliberadamente, usando uma expressão espetacular de Thoreau, não é algo feito pela maioria de nós. Não há nada de errado nisso, obviamente, e seria absurdo sugerir que todos nós cuidamos das nossas vidas tão criteriosamente quanto Thoreau. Contudo, é verdade que não pensamos muito sobre como vivemos, muito menos sobre o *status* moral de nossa vida propriamente dita. Em vez disso, ao menos parte do tempo, seguimos o fluxo da vida, vamos à deriva, até colidirmos com algo que nos faz parar e pensar. Às vezes, colidimos com um dilema, um problema ou uma questão moral, uma preocupação sobre a correção ou incorreção de determinado modo de agir. Outras vezes, esbarramos em algo mais próximo de uma crise, uma questão muito mais ampla sobre o modo geral de viver ou que tipo de pessoa deveríamos ser. A essência dessas crises sobre o curso ou a natureza da vida, de fato, pode ser primordialmente moral, por mais que pareça ser outra coisa em algum momento. A reflexão sobre a mudança climática e o que fazemos em relação a ela em nossa vida pode parecer intermediária entre um problema ou questão moral e uma crise —ou melhor, talvez ela tenha propriedades das duas coisas.

Os romanos e os gregos antigos se preocupavam mais com a vida como um todo que com dilemas morais específicos. A própria Filosofia começou, de fato, quando seu herói, Sócrates, falou sobre a importância de se viver uma vida investigativa, uma vida que questiona a virtude e prossegue de acordo com os resultados. Sem saber nada sobre a natureza da virtude, diz ele, é impossível viver virtuosamente. No entanto, é a vida virtuosa, o todo da vida e a forma como ela é vivida que interessa a Sócrates e aos antigos. Os filósofos morais da atualidade se exercitam com muitas questões, mas, como espécie humana, estão muito mais preocupados com dilemas morais ou questões específicas que com a vida como um todo.

Você não encontrará muitas pesquisas sobre as origens da boa vida como tal, mas encontrará discussões sobre problemas morais menores. As discussões tratam de questões como estas: O que deveríamos fazer se prometêssemos coisas conflitantes? A eutanásia sem consentimento é justificada? O aborto como meio de controle da natalidade é aceitável? Um ato terrorista realizado para melhorar vidas pode ser considerado moralmente correto? A lista poderia continuar, mas, para cada um desses tipos de questões, a tarefa do filósofo moral é achar um jeito de responder, e geralmente a resposta é fundamentada, de algum modo, em uma das poucas teorias éticas normativas. Há outras visões que nos rodeiam, mas pense novamente nas duas que são dominantes: utilitarismo e kantianismo. Provavelmente, as duas visões também ajudarão com as crises morais.

Para relembrar, o utilitarismo é a visão de que a correção ou incorreção de uma ação é determinada totalmente por suas consequências. Se suas consequências aumentam a felicidade humana, maximizam o equilíbrio geral do prazer sobre a dor, talvez satisfaçam a maior parte das preferências, então, é a coisa certa a fazer. Já para Kant, o que importa não são as consequências, mas obedecer à lei moral em si, e o *status* moral de uma ação pode ser trazido à tona pela reflexão sobre a universalidade das máximas. Temos, aqui, alguma coisa que ajudaria um indivíduo a pensar sobre a mudança climática? É provável que haja bastante coisa útil, mas também será necessário muito cuidado. Não leve muito a sério o que se segue: é apenas um pequeno esboço para começar.

Um kantiano seria persuadido pela ideia de que qualquer ação descrita por uma máxima ambientalmente insustentável, qualquer que seja a ação, deve praticamente ser considerada insatisfatória. Para Kant, as ações são realizadas sob máximas ou regras, como "não roube", "quando eu precisar de dinheiro, pedirei emprestado com a promessa de devolver, embora eu saiba que nunca o farei" ou "nunca minta". O teste de Kant para máximas desse tipo é a universalidade. Suponhamos que a máxima em consideração venha a se tornar uma lei universal, uma máxima adotada automaticamente por todos. O mundo com essa lei seria consistente ou autocontraditório? Se consistente, você não corre o risco de agir errado; se autocontraditório, você está violando a lei moral. Então, por exemplo, se todos fizessem falsas promessas, ninguém acreditaria numa promessa, por isso o próprio ato de prometer seria impossível. Um mundo baseado em falsas promessas acaba se destruindo, tornando-se um mundo sem absolutamente nenhum tipo de promessa.

Tome uma máxima insustentável: "consuma o máximo que puder", "não conserve recursos finitos" ou "use uma parcela desproporcional de um bem finito". Não precisamos de muito para perceber que essas máximas não podem ser universalizadas. Se todos consumissem o máximo que pudessem, não haveria mais nada para ser consumido. O consumo, em determinada escala, destrói o próprio consumo. Se os recursos não fossem conservados, não haveria recursos para usar. Por fim, nem todos podem usar uma parcela desproporcional de um recurso finito —somente usos proporcionais são possíveis para todos. O próprio fato de as máximas em si serem parte de uma ordem insustentável significa que elas nunca seriam leis universais, nunca fariam parte de mundos consistentes, nunca estariam em conformidade com a lei moral. A reflexão kantiana parece produtiva, parece ser o tipo de argumento que realmente ajudaria uma pessoa a refletir sobre as escolhas que faria face à mudança climática.

O utilitarismo não é menos promissor. Singer argumenta que diversos princípios operantes em nossa reflexão sobre a mudança climática geralmente seriam justificados sob fundamentos utilitaristas.[5] O Princípio do Poluidor-Pagador, por exemplo, poderia ser confirmado por um utilitarista defendendo que o próprio princípio constitui um forte incentivo para sermos cuidadosos em relação à poluição ou aos danos causados ao meio ambiente, isso sem falar no benefício geral de todos. Um utilitarista veria a sabedoria de ajudar significativamente os mais necessitados. Se uma pessoa já tem uma riqueza considerável, ficar mais rico não afeta muito sua felicidade. Dar aos pobres um pouco mais seria uma dádiva, algo que faria uma vida melhor. Esse tipo de pensamento poderia levar um indivíduo a fazer escolhas diferentes na vida, talvez até a votar de maneira diferente.

O que se torna um obstáculo para grande parte da avaliação utilitarista individual, contudo, é o pensamento que já tivemos algumas vezes: as escolhas individuais não podem ter tanta importância. O pensamento faria parte da razão pela qual é tão difícil aceitar a visão de que as pequenas coisas que eu faria na minha

---

5. Singer (2002), pp. 40-3.

vida são um tipo de ultraje moral —por exemplo, a afirmação de que tomar banhos demorados ou viajar de avião no fim de semana são erros genuínos.

Há muitas coisas a dizer sobre a próxima ideia —tentamos examiná-la no capítulo 3 e descrevê-la na seção anterior—, mas pense agora em contorná-la. A primeira coisa que um consequencialista diria contra a afirmação de que as escolhas individuais não devem importar muito é que nada mais sobre você tem a chance de fazer uma diferença moral. São todas aquelas pequenas escolhas que importam. A réplica aparece em todos os lugares, simplesmente em qualquer lugar que escutemos a afirmação de que nenhuma pessoa sequer faria, possivelmente, alguma diferença. A única chance que temos de fazer uma diferença moral consiste nas escolhas individuais que fazemos.

A segunda ideia que você deveria experimentar é uma concepção mais ampla de si e de seus efeitos. Não pense apenas nos momentos individuais, mas na vida como um todo, na somatória dos efeitos que têm suas escolhas aparentemente insignificantes. Compare os efeitos totais de uma vida de alto consumo com uma vida vivida mais próxima da Terra. É possível ver que suas escolhas individuais têm um peso a mais. A vida realmente tem consequências, ainda que seja difícil enxergar claramente o quadro como um todo com base em nossa perspectiva limitada e cotidiana. Essa linha de raciocínio pode levar a questões sobre o todo de uma vida —se não uma crise, tão pouco um problema moral.

Há uma terceira ideia, um tipo de frustração. Suponhamos que você chegue à conclusão de que sua vida deveria mudar, que as escolhas que você faz deveriam ser diferentes de agora em diante, ter menos efeitos nocivos ao meio ambiente. Dada a forma como nossas sociedades são estabelecidas, dado o fato de que estamos todos emaranhados em um mundo baseado na queima de combustível fóssil, é difícil fazer escolhas melhores. A hipocrisia está em todos os lugares, e você pode encontrá-la em cada esforço para fazer o que é certo. Talvez não seja mesmo possível viver uma vida totalmente livre de efeitos moralmente duvidosos, pelo menos não para nós, ocidentais. A vida de algumas pessoas certamente é melhor que de outras, mas a vida de todas as pessoas em um mundo como o nosso participa de um desastre em desdobramento. Tomar café da manhã sem provocar algum tipo de dano pode parecer impossível. Se todas as escolhas que você faz por si só podem acarretar algum tipo de confusão moral, nenhuma delas o ajudará a salvar o planeta. Esse e outros pensamentos dúbios podem nos levar a uma última conclusão: é possível ter a esperança de mudar não só nossa vida, mas a sociedade. Podemos até mesmo chegar à visão de que a ação coletiva sobre a mudança climática não é somente desejável, mas moralmente necessária.

• • •

Desobediência civil

Sociedades podem mudar, e mudam bastante, e às vezes as mudanças são motivadas internamente, promovidas por coletividades formadas por pessoas com as mesmas opiniões. A ação coletiva pode ser de vários tipos, mas pode nos ajudar a pensar amplamente sobre a ação civilmente obediente e desobediente. A primeira emprega meios legais na esperança de que uma sociedade possa assumir um rumo diferente, e a segunda emprega outros tipos de meios. A desobediência civil pode ser caracterizada como a ação coletiva não violenta e não revolucionária, mas, ainda assim, ilegal, e de ambição política. Espera-se um apelo moral ou emocional aos que estão no poder —tanto os políticos quanto a maioria dos eleitores. Ela também tem outras características. É provável que você se lembre de alguns bons exemplos. A campanha para a ação sobre a mudança climática é o tipo de causa que se beneficiaria de esforços coletivos desse tipo? Já a obediência civil teve objeções o suficiente até agora. Devemos considerar mais alguma coisa?

Diversas características do problema sugerem que a ação radical é adequada. Obviamente há a questão da injustiça, e a desobediência civil foi uma ferramenta útil no passado para despertar a consciência sobre instituições e práticas injustas e, em última instância, para modificá-las. A desobediência civil também é uma tática usada por aqueles que argumentam que outros métodos não tiveram efeitos relevantes, ou que o governo fracassou em seus deveres ou não conseguiu representar o próprio povo. Mais uma vez, é possível ver a mudança climática como necessária para que haja uma ação. Também há um sentido de urgência geralmente associado aos atos de desobediência civil, a visão de que uma prática qualquer simplesmente não deveria continuar nem mais um momento. É difícil pensar na ação sobre a mudança climática como algo que não seja urgente.

Outros aspectos da mudança climática sugerem que ela nunca será matéria de uma ação coletiva bem-sucedida. Como afirma Monbiot, "ninguém jamais protestou pela austeridade".[6] Em mais de um sentido simbólico, uma campanha de desobediência civil realizada pela ação significativa sobre a mudança climática não é nada além de uma campanha por nós, contra nós. A desobediência civil certamente tem uma história de indivíduos lutando por sua própria vida ou pela melhoria da vida de outros, mas será que alguém, em algum lugar, defendeu que isso tem sido pouco? Vamos nos acorrentar aos aviões e exigir impostos mais elevados sobre a atividade da aviação? Não parece nada racional.

Você pode pensar dessa maneira ou, se preferir, concentrar-se em outra coisa. A ação coletiva sobre a mudança climática pode ser a exigência de menos, mas ela também é a exigência de algo mais: talvez a justiça, a bondade ou qualquer coisa que nos diga respeito e que seja melhor. Não há nada de irracional na defesa de um mundo mais humano.

---

6. Monbiot (2006), p. 42.

Epílogo

O final de um livro sobre mudança climática pode ser um lugar perigoso. Livros sobre o assunto têm a tendência terrível de mudar radicalmente para grandiosidade nas últimas cinco páginas, o que é completamente perdoável —o assunto quase exige isso. Um impulso incontrolável de se envolver em alguma predição simplesmente domina um autor, e a vantagem é que você ouvirá uma visão ou duas sobre o curso provável da história humana contra o pano de fundo da mudança climática. Os filósofos não são muito bons em fazer previsões, e não há dúvidas de que não me enveredarei nesse caminho. Mas vale a pena citar as tendências que surgem nessa relação.

Alguns entregam os pontos e concluem que estamos condenados. Afirmam ser tarde demais para fazer as adaptações necessárias para deter o pior da mudança climática. Talvez tenhamos cruzado alguns limites, deixado passar ingenuamente um ou dois momentos cruciais; talvez já tenhamos cometido os derradeiros danos ao planeta. Mas isso é apenas uma desesperança, um cansaço crônico do mundo, parte de um mecanismo de defesa que vimos no último capítulo. Quase todas as pessoas que pensam no futuro de nosso mundo em transformação acreditam que a ação ainda vale. Alguns chegam ao ponto de dizer que nossas ações, as escolhas feitas por nossa geração nos próximos anos, vão reverberar no futuro e provocar os efeitos que nenhuma geração jamais provocou.

Outros filósofos dizem coisas interessantes, enriquecedoras e esperançosas. Eles afirmam que a mudança climática oferece à humanidade a chance de fazer a coisa certa. Estaríamos prestes a abandonar anos de estupidez e, finalmente, nos reunir para defender um inimigo comum. Temos uma longa história de cooperação dentro do grupo para um conflito fora do grupo. Mas se nosso mundo mutante e inóspito nos fizer superar nossas diferenças e finalmente reconhecer nossa humanidade comum? Somos bons em nos reunirmos na adversidade. Talvez a adversidade por vir nos una, de uma vez por todas.

Ainda assim, alguns escritores continuam indecisos, assumindo uma posição desconfortável. Eles dizem, de forma bastante obscura, que se nosso mundo for completamente detonado, talvez tenha o que merece. Há uma catástrofe iminente em câmera lenta e já a estamos vendo chegar. Sabemos exatamente o que fazer em relação a ela: precisamos mudar nossa vida confortável, economizar o que pudermos e pegar leve em nosso alto consumo de energia. Resumindo, deveríamos fazer alguns sacrifícios por outras pessoas, e sabemos disso. Se não conseguirmos fazer isso, dizem eles, é provável que nossa espécie não seja tão nobre ou maravilhosa quanto pensávamos. Se nos exterminarmos, não será uma grande perda.

Eu, simplesmente, não sei o que fazer com essas conclusões.

Quando comecei a pesquisar para escrever este livro, eu carregava um pequeno *notebook* e anotava referências à mudança climática que encontrava na imprensa. As histórias começaram a aparecer cerca de uma vez por semana, depois duas, depois todos os dias, e logo deixei o *notebook* de lado, felizmente. No primeiro trimestre de 2006, o mundo percebeu subitamente a mudança climática. Ela se tornou manchete de modo regular. Os jornalistas, curiosos, começaram a bisbilhotar o Ártico, filmando *icebergs* despencando e ursos polares que se tornaram estrelas. Quando propus este livro ao meu editor, pensei que um epílogo seria uma ideia excelente. As coisas estavam acontecendo rápido demais. Seria bom ter um espaço no final do livro para manter toda a discussão atualizada. Cheguei mesmo a pensar, com uma sensação genuinamente afetuosa, que talvez o livro já estivesse desatualizado no momento em que era escrito. O mundo estava acordando para a mudança climática. As pessoas, muitas delas ainda adolescentes, falavam seriamente sobre florestas tropicais, conservação e qual a melhor forma de poupar energia. As celebridades estavam tornando mais atraentes a energia solar e os carros híbridos. Quase cheguei a pensar que um emaranhado de argumentos sobre a ética da mudança climática nem seria necessário. As pessoas estavam tirando conclusões por conta própria. A reflexão estava andando rápido.

O *momentum* ainda está lá, quase em todos os lugares, mas ainda precisa ser convertido em ação significativa. De acordo com uma pesquisa de opinião da BBC World, que entrevistou 22 mil pessoas em 21 países, a maioria das pessoas no mundo sabe que precisamos agir.[1] Quase 80% dos entrevistados acreditam que os seres humanos estão provocando a mudança climática. Nove a cada dez pessoas no mundo pensam que a ação é necessária, e dois terços delas vão além, sustentando a crença verdadeira de que "é necessário dar passos maiores, o mais rápido possível".

Entretanto, os líderes do mundo inteiro não fizeram nada moralmente adequado sobre a mudança climática nos vinte anos desde os primeiros alertas do IPCC e de outros órgãos. É possível concluir que alguns políticos fizeram mais que o inadequado — talvez, erros nítidos tenham sido cometidos, algo equiparável à fraude para ganhos políticos ou financeiros, ao custo de um número inestimável de vidas. Também não fizemos quase nada em relação à vida dos indivíduos, apesar das atitudes em transformação, muito embora tenhamos visto a mudança climática nos jornais e na televisão, talvez até em nossos jardins. Mas também não se trata de um pessimismo generalizado, é claro. Tivemos abaixo-assinados, marchas e acampamentos em prol do clima, eventos para despertar a consciência, até algumas leis estão mudando. As pessoas, os Estados e as cidades, considerados individualmente, têm agido de maneira impactante. Mas nada disso chega perto de ser suficiente.

Apesar disso, apesar do que penso, tenho esperanças. Não estou totalmente certo de que nossos governos ou corporações farão a coisa certa, mas, às vezes, eu me surpreendo com o pensamento de que talvez o resto de nós faça a coisa certa, ou seja, a maioria dos cidadãos a favor da ação sobre a mudança climática. Tenho um velho amigo que perdoo por usar de vez em quando uma camiseta com a frase "Coma os Ricos", em letras garrafais. Quando reclamo demais sobre essa ou aquela falha moral por parte de quem deveria fazer melhor, ele me lembra de que os bandidos sempre morrem no final. Nós nunca temos uma tirania eterna ou uma injustiça perpétua, mesmo que durante algum tempo pareça o contrário. Os seres humanos acabam fazendo a coisa certa. Ele está certo, naturalmente. Mas seria muito bom se pudéssemos dar um passo adiante dessa vez, não seria?

---

1. A pesquisa foi realizada pelo instituto Globescan com o Program on International Policy Attitudes (Pipa) na Universidade de Maryland. Os resultados foram amplamente divulgados pela BBC em 25 de setembro de 2007.

Bibliografia

American Geophysical Union (2003) "Human.impacts on climate", disponível em www.agu.org/sci_soc/policy/climate_change_position.

American Meteorological Society (2003) "Climate change research: issues for the atmospheric and related sciences" *Bulletin of the American Meteorological Society*, 84.

Amstrup, S. C. et al. (2006) "Recent observation of intraspecific predation and cannibalism among polar bears in the southern Beaufort Sea" *Polar Biology*, 29.11,997-1002.

Aristóteles, (1996) S. Everson (trad.) *The Politics and the Constitution of Athens*. Cambridge: Cambridge University Press.

Athanasiou, T. and Baer, P. (2002) *Dead Heat*, Nova York: Seven Stories Press.

Attfield, R. (1991a) *The Ethics of Environmental Concern*, Athens, GA: University of Georgia Press.

_____(1991b) *The Ethics of the Global Environment*, Edimburgo: Edinburgh University Press.

_____ (2003) *Environmental Ethics: An Overview for the Twenty-First Century*, Polity Press: Cambridge.

Barry, B. (1989) *Theories of Justice*, Berkeley: University of Berkeley Press.

Bentham, J. (1996) (J. H. Burns e H. L. A. Hart, orgs.) *An Introduction to the Principles of Morals and Legislation*, Oxford: Oxford University Press.

Blackstone, W, (ed.) (1974) *Philosophy and Environmental Crisis*, Athens, GA: University of Georgia Press.

Brown, D. (2002) *American Heat: Ethical Problems with the United States' Response to Global Warming*, Lanham: Rowman & Littlefield.

Desombre, E. (2004) "Global warming: more common than tragic", *Ethics and International Affairs* 18(1), 41-6.

Feinberg, J. (1974) "The rights of animals and unborn generations'", em W. Blackstone (ed.) *Philosophy and Environmental Crisis*, Athens, GA: University of Georgia Press.

Gardiner, S. (2001) "The real tragedy of the commons", *Philosophy and Public Affairs*, 30.4, 387-416.

_____ (2003), "The pure intergenerational problem", *The Monist*, 86.3, 481-500.

_____ (2004a) "Ethics and global climate change", *Ethics* 114.555-600.

_____ (2004b) "The global warming tragedy and the dangerous illusion of the Kyoto Protocol", *Ethics and International Affairs* 18.1, 23-39.

_____ (2006a), "A Core Precautionary Principle", *The Journal of Political Philosophy* 14.1,33-60.

_____ (2006b) "A perfect moral storm: climate change, intergenerational ethics and the problem of moral corruption", *Environmental Values* 15, 397-413.

Gelbspan, R. (1998) *The Heat is On*, Reading, MA: Perseus Books.

_____ (2005) *Boiling Point*, Nova York: Basic Books.

Grubb, M. (1995) "Seeking fair weather: ethics and the international debate on climate change", *International Affairs* 71.3, 463-96.

Hacker-Wright, J. (2007) "Moral Status in Virtue Ethics", *Philosophy*, 82.2.

Hardin, G. (1968) "The tragedy of the commons", *Science* 162,1243-8.

Hillman, M. (2004) *How We Can Save the Planet*, Londres: Penguin Books.

Houghton, J. (2004) *Global Warming: The Complete Briefing*, Cambridge: Cambridge University Press.

International Federation of Red Cross and Red Crescent Societies (2001) *World Disasters Report* 2001, International Federation.

IPCC (2001) *Third Assessment Report: Climate Change 2001*, disponível em http://www.ipcc.ch/pub/reports.

IPCC (2007) *Fourth Assessment Report: Climate Change 2007*, disponível em http://www.ipcc.ch/pub/reports.

Jamieson, D. (1990) "Managing the future: public policy, scientific uncertainty, and global warming", em D. Scherer (org.), *Upstream/Downstream: Essays in Environmental Ethics*, Filadélfia: Temple University Press.

_____ (1996a) "Ethics and international climate change". *Climatic Change* 33, 323-36.

_____ (1996b) "The epistemology of climate change: some morals for managers", *Society and Natural Resources* 4,319-29.

_____ (1996c) "Scientific uncertainty and the political process", *Annals of the American Academy of Political and Social Science*, 545, 35-43.

Jamieson, D. (1998) "Global responsibilities: ethics, public health and global environmental change", *Indiana Journal of Global Legal Studies* 5, 99-119.

_____ (ed.) (2001a) *A Companion to Environmental Philosophy*, Oxford: Blackwell.

_____ (2001 b) "Climate change and global environmental justice", em P. Edwards e C. Miller (org.), *Changing the Atmosphere: Expert Knowledge and Global Environmental Governance*, Cambridge: MIT Press.

_____ (2002) *Morality's Progress: Essays on Humans, Other Animals, and the Rest of Nature*, Clarendon Press: Oxford.

Joint Science Academies (2005), "Joint Science Academies statement: global response to climate change", disponível em www.royalsoc.ac.uk.

Kolbert, E. (2006) *Field Notes From A Catastrophe*, Nova York: Bloomsbury.

Lomborg, B. (2001) *The Sceptical Environmentalist*, Cambridge: Cambridge University Press.

Lomborg, B. (ed.) (2006) *How to Spend $50 Billion to Make the World a Better Place*, Cambridge: Cambridge University Press.

Lovelock, J. (2000) *The Ages of Gaia*, Oxford, Oxford University Press.

_____ (2006) *The Revenge of Gaia*, Londres: Penguin Books.

Lynas, M. (2007) *Six Degrees*, Londres: Fourth Estate.

MacLean, D. e Brown, P. (orgs.) (1983) *Energy and the Future*, Totowa, NJ: Rowman & Littlefield.

Meyer, A. (2001) *Contraction and Convergence*, Totnes: Green Books.

Monbiot, G. (2006) *Heat*, Londres: Penguin Books.

Mulgan, T. (2006) *Future People*, Oxford: Clarendon Press.

Müller, B. (1999) "Justice in global warming negotiations: how to obtain a procedurally fair compromise", *Oxford Institute of Energy Studies*, EV26.

National Research Council, Committee on the Science of Climate Change (2001) *Climate Change Science: An Analysis of Some Key Questions*, Washington: National Academy Press.

Nordhaus, W. D. (org.) (1998) *Economics and Policy Issues in Climate Change*, Washington: Resources for the Future.

Pacala, S. e Socolow, R. (2004) "Stabilization wedges: solving the climate problem for the next 50 years with current technologies", *Science* 305, 968-72.

Parfit, D. (1983) "Energy and further future: the identity problem", em D. MacLean e P. Brown (org) *Energy and the Future*, Totowa, NJ: Rowman & Littlefield.

Poundstone, W. (1992) *Prisoner's Dilemma*, Nova York: Doubleday.

Rawls, J. (1999) *A Theory of Justice*, Cambridge, MA: Harvard University Press.

Regan, T. (1983) *The Case for Animal Rights*, Londres: Routledge and Keegan Paul.

Revelle, R. e Suess, H. E. (1957) "Carbon dioxide exchange between atmosphere and ocean and the question of an increase of atmospheric CO^2 during the past decades", *Tellus* 9,18-27.

Scherer, D. (org.) (1990) *Upstream/Downstream: Essays in Environmental Ethics*, Filadélfia: Temple University Press.

Shue, Henry (1992) "The unavoidability of justice", em A. Hurrell e B. Kingsbury (eds.) *The International Politics of the Environment: Actors, Interests, and Institutions*, Oxford: Oxford University Press.

_____ (1993) "Subsistence emissions and luxury emissions", *Law and Policy* 15, 39-59.

_____ (1994) "After you: may action by the rich be contingent upon action by the poor?", *Indiana Journal of Global Legal Studies* 1, 343-66.

_____ (1995) "Ethics, the environment and the changing international order", *International Affairs* 71, 453-61.

_____ (1996) *Basic Rights: Subsistence, Affluence, and U.S. Foreign Policy*. Princeton: Princeton University Press.

_____ (2000) "Global environment and international inequality", *International Affairs*, 75.3, 531-45.

_____ (2001) "Climate", em D. Jamieson (orgs.) *A Companion to Environmental Philosophy*, Oxford: Blackwell.

Singer, P. (1972) "Famine, affluence and morality", *Philosophy and Public Affairs*, 1.1, 229-43.

_____ (1993) *Practical Ethics*, Cambridge: Cambridge University Press.

_____ (2004) *One World*, Londres: Yale University Press.

Socolow, R. (2005) "Stabilization wedges: mitigation tools for the next half century", discurso proferido em *Avoiding Dangerous Climate Change: A Scientific Symposium on Stabilization of Greenhouse Gases*, Met Office.

Stern, N. (2007) *The Economics of Climate Change*, Cambridge: Cambridge University Press.

Stoll-Kleeman, S.; O'Riordan, T.; Jaeger, C. C. (2001) "The psychology of denial concerning climate mitigation measures: evidence from Swiss focus groups", *Global Environmental Change* 11,107-17.

Taylor, P. (1986) *Respect for Nature*, Princeton: Princeton University Press.

Thomas, C. D. e outros autores (2004) "Extinction risk from climate change", *Nature*, 427, 145-8.

Traxler, M. (2002) "Fair chore division for climate change", *Social Theory and Practice* 28.1,101-34.

Tyndall, J. [1870] (2001) *Heat, A Mode of Motion*, Londres: Longmans, Green & Co.

UN (1987) "Report of the World Commission on Environment and Development", A/RES/42/187.

UN (1992) "The Rio Declaration on Environment and Development", A/CONF. 151/26.

Weil, S. (1956) "The Iliad, or the power of force", tradução de M. McCarthy, em *Pendle Hill Pamphlet* n°. 91, Wallingford, PA: Pendle Hill Press.

Wilson, E. O. (2003) *The Future of Life*, Nova York: Vintage.

Wiggins, D. (2006) *Ethics: Twelve Lectures on the Philosophy of Morality*, Cambridge, MA: Harvard University Press.

Young, H. P. e Wolf, A. (1991) "Global warming negotiations: does fairness count?", *Brookings Review* 10.2, 46-51.

Índice

A
Academia Nacional de Ciências 17-18
ação coletiva 56, 126-127
adequação moral 96, 102, 104-108, 111
Amazônia 29
animais, preocupação moral com 41-47
Antártida 12, 28, 84
apartheid 112
Aristóteles 45, 115
armazenamento de carbono 85, 88
Arrhenius, Svante 20-21
Associação Mundial de Meteorologia 27
Attfield, Robin 27, 46, 70, 103
Austrália 14, 19, 101-102

B
balões 23, 85-86
Bangladesh 27, 63, 78
banquisa 13, 26
Bentham, Jeremy 41-42
bens comuns, tragédia dos 53-54, 110, 123
  ver também dilema do prisioneiro
biocentrismo 46
biocombustíveis 88-89
Blair, Tony 89-90, 121
Brown, Donald 102
Brown, Peter 71
Brundtland 72
Bush, G. 121
Bush, G. W. 16, 75-76, 82, 89-90, 101-102

C
cabana 52
Callendar, G. S. 20
capacidades atuais 69, 73, 102, 105, 107, 111, 116
capacidade de pagar 68, 107
sequestradores/captura de carbono 58, 60-62, 64, 75, 78, 84, 91, 96, 98, 106
carbono 13, 18-22, 30, 54, 59, 61, 83, 86-88, 93, 98, 102, 115-117, 119
carbono, dióxido de 19-22, 30, 55, 59-60, 88, 92-93, 97-98, 116, 118
  ver também gases-estufa
carros 67, 88-89, 122, 130
Carteret, Ilhas 12
ceticismo em relação à mudança climática 16, 22
China 18-19, 35, 50, 59, 78, 89-90, 106, 116, 121
Ciências, Academia Nacional de 17-18
circulação termohalina dos oceanos 28
climatologistas 7, 12, 25
códigos morais 34
CQNUMC 99-101
combustíveis fósseis 16, 20-21, 28, 52, 59, 62, 72, 76, 90. 102, 118
  ver também dióxido de carbono; emissões; gases-estufa
comércio de emissões 58, 102, 108
complexidades espaciais e temporais 51, 53

consenso científico 11, 16-17
consistência 116-117, 123
Contração e Convergência 108-109
cooperação intergeracional 55-56
corais, clareamento dos 14
Corrente do Golfo 77-78
cortes de emissões 90. 101, 111
  ver também metas
crescimento populacional 107
critério moral 9, 67, 95-97, 102, 105, 107, 111
Cruz Vermelha 13
custos 52, 62-63, 69-70, 76, 82-85, 107-108, 110, 112, \ 123
  ver também incerteza
  adaptação de 28, 69, 73, 93-94, 96-97, 107
  atenuação 17, 69, 85, 93, 96-97, 107
  oportunidade 110

D
Declaração do Rio 63, 81
  ver também Eco-92
derretimento 13, 17, 26, 28, 30, 77
Descartes, R. 45
Descombre, Elizabeth 103
desobediência civil 127
Deus 32, 35, 45
devaneio 86, 104, 121
dilema do prisioneiro 53-55
  ver também bens comuns, tragédia dos

direitos 9-10, 64, 68, 72, 97,
  102, 105, 107-108
discordâncias
  morais vs. factuais 40
doença 28, 72, 77, 103
E
Eco-92 81, 99
  ver também Declaração do Rio
economia
  ver também incerteza de custos, incerteza
efeito estufa 19, 21-23, 76, 79
  ver também dióxido de carbono; gases-estufa
El Niño 14, 51
emissões 16-18, 30, 55, 58-59, 62, 64-69, 73, 75, 79, 82-83, 86-92, 95-99, 100-102, 104-111, 116-119, 122
  ver também dióxido de carbono; gases-estufa
    cumulativas 59, 107
    cortes 90, 101, 111
    de luxo 68, 117
    de subsistência 68, 97, 107
    metas 97-99, 101-103, 111
    per capita 59, 89-90, 97, 100, 106. 108-110
emoção 31, 42-43
epistemologia 32
eras glaciais 19-20, 25
estabilização 87, 100
Estados Unidos 15-16, 18, 26, 59, 88-91, 97-98, 101-102, 106, 111, 116-119, 121
ética ambiental 8, 31, 43-46, 48
evolução 35
expansão térmica 12, 27

extinção 26
  em massa 26
  humana 30
F
feedback (retroalimentação) 14, 23-24, 78, 98-99
Filosofia 33, 40-41. 48, 124
  aplicada
  moral 8, 31-36, 39-43, 47-48
Fourier, Jean-Baptiste 19
fundamento moral 80
furacões 24, 77
G
Gaia 25-30
Gardiner, Stephen 10, 51-52, 54, 80, 103-104, 110-111
gases-estufa 17-18, 20-22, 24, 30, 50, 55, 58-59, 61, 64-66, 76, 82-83, 90-93, 95-98, 100
  ver também dióxido de carbono; efeito estufa; emissões; combustíveis fósseis
Gelbspan, Ross 102, 116
genes 34-36
geoengenharia 85, 86
geleiras 12, 26
gorilas 26
Groenlândia 12, 26, 28, 77-78
Grubb, Michael 104
Gruen, Lori 46
guerra 13, 16, 40, 72, 83
H
Hacker-Wright, John 46
Hardin, G. 53
Hemingway, E. 26
hidrogênio 88-89
Hillman, Mayer 120
hipocrisia 93, 121, 126
Hobbes, T. 112
Högbom, Arvid 20-21
Houghton, John 19, 27
Hume, D. 43, 71

I
igualdade 7, 34, 38, 57-60, 62, 67-69, 80. 84, 93, 97, 102-103
  ver também direitos, justeza, justiça
Ilhas Carteret 12
imperativo categórico 42
  ver também Kant, universalidade
imprudência moral 37, 93
incerteza 7, 8, 11, 15, 17, 24, 75-81, 84, 93
  ver também custos; consenso científico
Índia 18-19, 59, 78, 89-90
inépcia teórica 51-52
inércia climática 51
Inhofe, James 15-16
Institute, Global Commons 98, 108
inundações 12-14, 27, 51, 72, 76, 78
IPCC 7, 10-12, 15, 17-19, 24, 28, 30, 65, 77-78, 83, 85-86, 95, 98-99, 131
J
Jamieson, Dale 10, 46, 50
justeza 34, 67, 90. 93, 97, 99, 106, 109, 111, 117
  ver também tarefas, divisão justa de; igualdade, justiça procedimental ver também critérios morais
justiça 9, 34, 38-40, 47, 57-58, 62-65,, 73, 93, 96, 99, 102, 106, 110-111, 117, 127, 131
  ver também igualdade, justeza, responsabilidade
    concepções históricas de/ princípios históricos 9, 57, 65, 73, 106
    corretiva 57-58, 62-63
    distributiva 64, 110
    procedimental 99. 103

justificação 31-36, 38-40,
48, 99, 101-103, 123
  moral 39, 103
  racional 33-35
K
Kant, I. 42, 45, 70, 124-125
  ver também imperativo
  categórico; universalidade
Kolbert, Elizabeth 116
Kyoto, Protocolo de 9, 75,
82-83, 89-90, 92, 99,
101-104, 109 111, 117
L
Locke, J. 60-61
Lomborg, Bjorn 82
Lovelock, James 29-30
Lynas, Justin 10
Lynas, Mark 26, 98, 122
M
manchas solares 22, 30, 120
manejo florestal 72, 97
mar, nível do 12, 17, 27-28,
30, 50-51, 62, 72, 76-77
Mecanismo de Desenvolvi-
  mento Limpo 102
mecanismos 19, 28-29, 45,
95, 101-102, 112, 120,
122-123
  de retroalimentação 14,
  24, 78, 98
  ver também momento crucial
  psicológicos 120, 122
meios e fins 44-45, 103-104,
127
metas 35, 62-63, 97-99,
101-103, 111
  ver também cortes de emissões
metano 21, 98
Meyer, Aubrey 108
modelos climáticos 22-24
moinhos 85, 87-89
momento crucial 129
  ver também mecanismos de
  retroalimentação

Monbiot, George 116, 127
monções 25
moralidade, origens da 36
Müller, Benito 105
N
narrativas 30
negação 120, 122
Nietzsche, F. 34
Nordhaus, W. 82
núcleos de gelo 15, 22
O
objeção oportunista 117
oceanos 12, 15, 20, 22-23,
27-28, 58, 78, 98
ônus comparáveis 109
P
Pacala, Stephen 86-87
painéis solares 87-89
paleoclimatologia 25
países 17-18, 51, 54-55,
59-66, 68-70, 73, 75, 81,
83, 89-104, 106-108,
110-112, 116-119, 131
  de alta renda e de baixa
  renda 60
  desenvolvidos 59, 61-65,
  68, 70, 75, 95, 97,
  100-102, 107-109
  desenvolvidos e em
  desenvolvimento 59-60
  em desenvolvimento
  61-63, 68, 73, 83, 90,
  100, 102, 109
parcelas *per capita* iguais
105-106, 108-110
Parfit, Derek 71
pegada de carbono 119
perdas econômicas 14
  ver também custos
permafrost 13, 15, 26, 98
Pitágoras 16
Platão 31, 34, 57, 119
Poundstone, William 53
previsões do tempo 22-23

Índice 141

princípio da maior felicidade
41, 47
  ver também utilitarismo
princípio da precaução
80-81, 100
princípio de não prejudicar
80
Princípio do Poluidor-Pagador
109, 125
proximidade 70-71
R
Rawls, John 108
razão 16-17, 33-34, 40, 43,
58, 65-66, 68, 70, 76,
81-82, 89, 91, 104,
108-109, 112, 123, 125
redução, oportunidade de 68
refugiados ambientais/do
clima 12-13, 72
Regan, Tom 46
Relatório Brundtland 72
Relatório Stern 83
responsabilidade 9, 17, 48,
50, 52, 58, 62-63, 65-68,
70, 90, 96-97, 100, 102,
105-112, 122
  causal 52, 64,-65, 96,
  109-110
  moral 52, 58, 64, 67,
  106, 112
  histórica 105, 107-111
  legal 65
Revelle, Roger 20, 29
Revolução Industrial 22, 58,
97
Rio, Declaração do 63, 81
  ver também Eco-92
risco 12-13, 70, 80, 84, 86,
93, 99, 103
Rolston, Holmes 46
Royal Society 19
rum 57-58
Rússia 14, 18, 59, 101-102,
116

S
sanções 112-113
seca 14-15, 28-29, 51, 77-78, 88, 103, 113
Sêneca 75
sensibilidade climática 84, 97
sequestradores de carbono 58, 60, 62, 64, 75, 78, 91, 96
  ver também dióxido de carbono, efeito estufa, gases-estufa
Shue, Henry 10, 61, 67-69, 91, 107
Singer, Peter 10, 46, 60-61, 64, 70, 91, 106, 108-109, 112, 125
Smith, Adam 61
Sociedade Meteorológica dos Estados Unidos 18
Socolow, Robert 86-87, 89
Sócrates 8, 124
statu quo 104
Stern, Relatório 83
Stoll-Kleeman, S. 122
Suess, Hans 20-21, 29
sustentabilidade
  ver também critérios morais

T
tarefas, divisão justa de 110-112
Taylor, Joanna 10
Taylor, Paul 46
tecnologia 30, 69, 81, 85-86, 88-89, 95, 121
temperatura 11-28, 30, 78, 87-88, 97-98
terraformação 85
Thoreau, Henry 123
Traxler, Martino 110-112
Tuvalu 12
Tyndall, John 11, 19-21
tufões 77

U
ultraje moral 116-117, 119, 123, 126
União Geofísica Americana 18
União Europeia 59

universalidade 42, 47, 124-125
  ver também Kant, I.
urgência 93, 127
urso polar 13, 26, 130
uso da terra 76, 88
utilitarismo 41-42, 46, 124-125
  ver também Bentham, J.; princípio da maior felicidade

V
valor 7, 8, 36, 45-46, 52-56, 69, 83-84, 92-93, 96-97, 99, 101, 103, 109
  intrínseco vs. instrumental 45-46
variação natural 16, 22
vício 82, 93
vida, significado da 35-36
Voltaire 49
Vonnegut, Kurt 35-36
vulcões 20

W
Weil, Simons 70
Williams, Bernard 46
Wilson, E. O. 26

Série Rosari

FILOSOFIA

**UMA INTRODUÇÃO AOS VINTE
MELHORES LIVROS DE FILOSOFIA**
James Garvey
- Tradução de Rogério Bettoni
- ISBN 978-85-88343-75-7
- Brochura costurada — 150 páginas

**HISTÓRIA CONCISA DA FILOSOFIA
— DE SÓCRATES A DERRIDA**
Derek Johnston
- Tradução de Rogério Bettoni
- ISBN 978-85-88343-73-3
- Brochura costurada — 192 páginas

**FILOSOFIA APLICADA
– POLÍTICA E CULTURA
NO MUNDO CONTEMPORÂNEO**
Rupert Read
- Organizador: M. A. Lavery
- Tradução de Rogério Bettoni
- ISBN 978-85-88343-77-1
- Brochura costurada — 136 páginas

**O QUE PENSAM
OS FILÓSOFOS ATUAIS?**
Jeremy Stangroom
e Julian Baggini
- Tradução de Rogério Bettoni
- ISBN 978-85-88343-78-8
- Brochura costurada — 136 páginas

Cólofon

Esse livro foi editado
em outubro de 2010.
Composto em Electra e Frutiger
da Linotype Library.